# Fortaleciendo el impacto de la Contraloría de la República de Chile

## LECCIONES DE LAS CIENCIAS CONDUCTUALES PARA LA INTEGRIDAD PÚBLICA

**OCDE**

MEJORES POLÍTICAS
PARA UNA VIDA MEJOR

Tanto este documento, así como cualquier dato y cualquier mapa que se incluya en él, se entenderán sin perjuicio respecto al estatus o la soberanía de cualquier territorio, a la delimitación de fronteras y límites internacionales, ni al nombre de cualquier territorio, ciudad o área.

**Por favor, cite esta publicación de la siguiente manera:**
OECD (2022), *Fortaleciendo el impacto de la Contraloría de la República de Chile: Lecciones de las ciencias conductuales para la Integridad Pública*, Estudios de la OCDE sobre Gobernanza Pública, OECD Publishing, Paris, https://doi.org/10.1787/f21e41f7-es.


ISBN 978-92-64-49524-1 (impresa)
ISBN 978-92-64-87897-6 (pdf)
ISBN 978-92-64-48405-4 (HTML)
ISBN 978-92-64-90431-6 (epub)


Estudios de la OCDE sobre Gobernanza Pública
ISSN 2414-3308 (impresa)
ISSN 2414-3316 (en línea)


**Publicado originalmente en inglés por la OCDE con el título:** OECD (2022), *Enhancing the Oversight Impact of Chile's Supreme Audit Institution: Applying Behavioural Insights for Public Integrity*, OECD Public Governance Reviews, OECD Publishing, Paris, https://doi.org/10.1787/1afdc85e-en. Esta traducción fue contratada por La Dirección de Gobernanza Pública y su exactitud no puede ser garantizada por la OCDE. Las únicas versiones oficiales son los textos en inglés.

# Prólogo

Con el fin de reforzar el impacto de las políticas públicas, se está recurriendo cada vez más a los conocimientos que provienen de las ciencias del comportamiento, los cuales nos permiten mejorar nuestra comprensión de la forma en que los sesgos cognitivos y las dinámicas sociales moldean las decisiones y el comportamiento de las personas. La mayoría de estas aplicaciones se han centrado en la mejora de la implementación de las políticas y en el cambio de los comportamientos individuales.

Aunque la consideración de los factores psicológicos en la auditoría y en los campos relacionados con la contabilidad y la aplicación de la ley no es nueva, todavía existe un margen importante en la forma en que las Entidades Fiscalizadoras Superiores (EFS) pueden aplicar sistemáticamente este enfoque conductual para mejorar el impacto que pueden lograr a través de su trabajo de auditoría. En el contexto de las crisis sociales, económicas y ambientales, en el que los gobiernos deben garantizar que los recursos públicos se utilizan de forma eficiente y eficaz, la labor de las EFS desempeña un papel clave al proporcionar supervisión, así como información y visión estratégica. Las EFS pueden apoyar a las administraciones públicas para mejorar y generar el impacto deseado para los ciudadanos.

Durante las últimas dos décadas, la Contraloría General de la República de Chile (CGR) ha llevado a cabo varias iniciativas encaminadas a transformar su tradicional papel fiscalizador hacia un rol más colaborativo, que busca apoyar a las organizaciones públicas en la mejora de sus procesos y servicios. A partir de 2017, la CGR ha impulsado un Programa de Apoyo al Cumplimiento de la Normativa, no obstante, aún existen retos para garantizar que los organismos públicos adopten medidas correctivas en respuesta a los hallazgos de las auditorías. Esta transformación también se refleja en el Plan Estratégico 2021-2024 de la CGR. Esforzándose por encontrar soluciones innovadoras para mejorar su propio trabajo, la CGR colaboró con la OCDE en la aplicación del enfoque conductual para mejorar el nivel de asimilación de sus informes de auditoría y se comprometió a una revisión completa de sus procesos de auditoría y seguimiento, valiéndose de la metodología BASIC de la OCDE (por sus siglas en inglés *Behaviour, Analysis, Strategy, Intervention, Change* – conducta, análisis, estrategias, intervención y cambio).

Este informe forma parte de la labor de apoyo de la OCDE a los países en la aplicación efectiva de la *Recomendación de la OCDE sobre integridad pública* y aplica por primera vez un enfoque conductual de manera sistemática a la auditoría externa. Basándose en trabajos anteriores de la OCDE con la CGR, el informe pone de manifiesto a los auditores y a los auditados en Chile, sus percepciones, actitudes y conductas, para ofrecer recomendaciones concretas sobre cómo la CGR puede promover una mejor asimilación de sus informes, especialmente pasando de auditorías centradas en la detección de irregularidades a auditorías que buscan orientar a la administración pública. De este modo, la EFS chilena podría seguir avanzando en su camino para buscar innovadoras formas de optimizar el desempeño institucional con el fin de mejorar la vida de los ciudadanos.

El informe fue aprobado por el Grupo de Trabajo de Altos Funcionarios sobre Integridad Pública (SPIO) de la OCDE el 13 de abril de 2022 y desclasificado por el Comité de Gobernanza Pública el 5 de mayo de 2022.

# Reconocimientos

El informe fue elaborado por la División de Integridad del Sector Público de la Dirección de Gobernanza Pública de la OCDE, bajo la dirección de Elsa Pilichowski, directora de Gobernanza Pública de la OCDE y Julio Bacio Terracino, jefe de la División de Integridad del Sector Público. Dicho trabajo fue coordinado y redactado por Frédéric Boehm; mientras que Gavin Ugale, Giulio Nessi, María Camila Porras y Cristián Picón brindaron un apoyo y unas aportaciones inestimables. Por su parte, Meral Gedik prestó asistencia editorial y administrativa. Finalmente, la traducción al español del documento fue elaborado por Paula Pérez y revisado por Frédéric Boehm y el equipo de publicaciones de la CGR.

La OCDE agradece al Contralor General de la República de Chile, Jorge Andrés Bermúdez Soto, al jefe de la División de Auditoría, Eduardo Roberto Díaz Araya, así como al equipo de la Contraloría General que ha apoyado este proyecto, María de los Ángeles Donoso Rivas, Carlos Eduardo Márquez Gutiérrez, Osvaldo Cristián Rudloff Pulgar, Nicolás Alberto Vega Cohen, Ernesto García San Martín, Nicolás Francisco Lagos Machuca, Valeria Edith Torres Godoy y Daniela Francisca Santana Silva, por las numerosas y fructíferas discusiones, sus aportaciones y retroalimentación sobre las conclusiones preliminares y recomendaciones, así como por su apoyo en la organización de la investigación virtual a lo largo del proyecto. La OCDE también desea agradecer a las personas y organizaciones a nivel nacional, regional y municipal, que fueron entrevistadas y participaron en el proceso suministrando información para elaborar el informe, en particular a la Subsecretaría para las Fuerzas Armadas, el Ministerio de Vivienda y Urbanismo, la Junta Nacional de Jardines Infantiles, el Instituto Antártico Chileno, el Gobierno Regional de Arica y Parinacota, las municipalidades de Río Claro, Quilicura y Vichuquén, así como las universidades de Chile y de Santiago de Chile.

La OCDE agradece además a los revisores que leyeron y comentaron las diferentes versiones de este informe. Sus comentarios y perspectivas han contribuido significativamente a reforzar el informe: Ina den Haan, Tribunal de Cuentas de Países Bajos (*Algemene Rekenkamer*); Carolina Souto Carballido, Contraloría General de la Unión de Brasil (*Controladoria Geral da União*, CGU); Bernagie Steven, Tribunal de Cuentas de Bélgica (*Rekenhof*); Daniella Carrizo y Francisco Silva, Servicio Civil Chile y Sebastián Gil. Las conclusiones preliminares y las recomendaciones se discutieron con Miguel Peñailillo y en el Encuentro Interno de Ciencias del Comportamiento de la OCDE, y se agradece especialmente a Chiara Varazzini, James Drummond, Trish Lavery y Guillermo Morales por su retroalimentación.

# Índice

## FIGURAS

## CUADROS

# Siga las publicaciones de la OCDE en:

http://twitter.com/OECD_Pubs

http://www.facebook.com/OECDPublications

http://www.linkedin.com/groups/OECD-Publications-4645871

http://www.youtube.com/oecdilibrary

http://www.oecd.org/oecddirect/

# Resumen ejecutivo

Las Entidades Fiscalizadoras Superiores (EFS) son una parte fundamental del marco institucional de los Estados democráticos y responsables, mientras que los informes de auditoría son uno de los principales vehículos a través de los cuales las EFS pueden generar cambios en el sector público. Para ello, los informes de auditoría, sus observaciones y recomendaciones tienen que ser relevantes y deben ser leídos y comprendidos por las personas adecuadas. Además, deben estar disponibles en el momento oportuno y la información tiene que presentarse de la forma apropiada.

En ese contexto, la comprensión del comportamiento tanto de los auditores como de los auditados es clave para analizar el seguimiento -o falta de seguimiento- de los informes de auditoría. Así, el enfoque conductual puede aportar información sobre las vías para mejorar la asimiliación de los informes de auditoría y puede contribuir a mejorar el impacto de las EFS.

## Principales hallazgos

En primer lugar, el informe revisa la literatura anterior relevante sobre las barreras y los sesgos de comportamiento, tanto de los auditores como de los auditados, que pueden ayudar a explicar el éxito o el fracaso de las auditorías para lograr el impacto deseado. La auditoría es principalmente una cuestión de juicio humano y, como tal, no escapa a los sesgos típicos. A su vez, los auditados también pueden reaccionar de forma diferente a los resultados de la auditoría, según la forma en que se recojan, procesen, presenten y comuniquen.

La CGR ha logrado importantes avances en los últimos años en el control del seguimiento de los informes de auditoría. En 2012, creó unidades de seguimiento de auditorías, en 2014 el sistema de seguimiento en línea SICA (Sistema Integrado para el Control de Auditorías) y, en 2016, el Programa de Apoyo al Cumplimiento. Gracias a estas iniciativas, descubrió que, en promedio, alrededor del 49% de las observaciones de auditoría son atendidas por las entidades auditadas. Aplicando el enfoque conductual para entender la taza de implementación, el proyecto confirmó varias ideas sugeridas por la literatura y que contribuyen a explicar el índice de implementación en Chile:

- La cantidad de observaciones de auditoría y la forma en que se presentan a los auditados menoscaban la percepción de su relevancia, pueden desencadenar la fatiga de la decisión y, a veces, una actitud negativa hacia la auditoría en general. En particular, la cantidad de observaciones dificulta a las entidades fiscalizadas la visión de conjunto y la comprensión de los problemas subyacentes a estas observaciones.

- La percepción de injusticia por parte de las entidades auditadas y las deficiencias en la comunicación entre los auditores y las entidades auditadas durante el proceso de auditoría pueden dar lugar a observaciones que podrían haberse evitado en un principio y pueden debilitar la voluntad de las entidades auditadas para abordar las conclusiones de la auditoría. Algunos de los retos en materia de comunicación se deben a una cultura informal dentro de la CGR que sigue primando un enfoque "severo" hacia los auditados y presiona informalmente a los auditores para que incluyan un gran número de hallazgos en los informes.

- Los jefes de servicio y la gestión pública de los servicios auditados a menudo muestran un bajo nivel de interés, apropiación y motivación con respecto a los resultados de la auditoría. Esto puede explicarse, en parte, por el hecho de que el incumplimiento de las observaciones de auditoría rara vez tiene consecuencias negativas. Sin embargo, el carácter técnico o jurídico de las observaciones contribuye de nuevo a explicar esta falta de interés, tanto de los niveles superiores como de los intermedios, ya que el valor estratégico de las auditorías sigue sin estar claro.

## Recomendaciones principales

Con base en estos hallazgos, el informe sugiere realizar una revisión inspirada en el enfoque conductual de los procedimientos y prácticas existentes para mejorar la implementación de las observaciones de los informes de auditoría. Las medidas son complementarias y tienen como objetivo lograr un impacto en tres niveles.

- En primer lugar, el impacto podría lograrse a través de medidas que busquen mejorar la relación entre el auditor y el auditado, aumentando las interacciones entre ellos y haciendo que sean más constructivas. Además, la CGR podría seguir promoviendo un cambio cultural interno hacia actitudes más solidarias con los auditados.

- En segundo lugar, las medidas orientadas a la redacción y comunicación de los informes de auditoría podrían contribuir a mejorar su asimiliación. En particular, esto requiere una revisión de la forma en que se redactan los informes y podría complementarse probando diferentes mensajes para notificar sobre su contenido.

- En tercer lugar, la CGR podría orientar el proceso de seguimiento y permitir una mejor planificación por parte de las entidades auditadas, introduciendo cierta flexibilidad con los plazos y haciendo un seguimiento de los avances, para hacer frente a la frustración y promover respuestas de mayor calidad.

El informe propone una teoría del cambio y un diseño de implementación detallados para probar una combinación de dos medidas específicas en un proyecto piloto que se podría llevar a cabo en auditorías a municipalidades. Por un lado, una reunión previa de seguimiento -en la que la CGR explique y aclare los informes de auditoría- pretende reducir la carga cognitiva que suponen los informes demasiado complejos. Por otro lado, permitir cierta flexibilidad con los plazos para abordar las observaciones de la auditoría tiene como objetivo abordar el estrés y la percepción de injusticia reportados por los auditados.

# 1 ¿Qué determina el impacto de las Entidades Fiscalizadoras Superiores

Los informes de auditoría emitidos por las Entidades Fiscalizadoras Superiores son claves para generar impacto, ya que son el principal vehículo a través del cual las auditorías pueden generar cambios en el sector público. Como tal, la implementación de las recomendaciones de auditoría contenidas en los informes es fundamental para lograr el impacto. Este capítulo ofrece una breve visión general de los diversos factores que contribuyen a explicar la taza de implementación de las recomendaciones de auditoría, antes de enfocarse con detalle en los factores de comportamiento pertinentes, tanto de los auditores como de los auditados.

## Introducción

En consonancia con las normas internacionales y las buenas prácticas promovidas por la Organización Internacional de Entidades Fiscalizadoras Superiores (INTOSAI) y la OCDE, las Entidades Fiscalizadoras Superiores (EFS) deben predicar con el ejemplo y demostrar su valor agregado e impacto (INTOSAI, 2019[1]). En particular, los informes de auditoría son claves para generar impacto, ya que son el principal vehículo a través del cual las auditorías pueden provocar cambios en el sector público. Para ello, sus observaciones y recomendaciones tienen que ser pertinentes -para que sean leídas y comprendidas por las personas adecuadas-, estar disponibles en el momento adecuado y la información debe presentarse de la manera correcta. Por eso, la INTOSAI invita a las EFS a revisar continuamente cómo pueden hacer sus informes más legibles, más accesibles y más pertinentes para todas las partes interesadas (INTOSAI, 2010[2]). A su vez, la Iniciativa para el Desarrollo de la INTOSAI (IDI) trabaja con las EFS para apoyarlas en la aplicación de las normas, para desarrollar capacidades y para asegurar la calidad de las auditorías, por ejemplo en el contexto de la estrategia de Facilitación del Impacto de la Auditoría (FIA) (IDI, 2021[3]).

La EFS de Chile, la Contraloría General de la República (CGR), se enfrenta a la misma presión que otras EFS para producir y mostrar impacto. La Constitución establece que la CGR es un organismo gubernamental autónomo, que tiene un alto nivel de independencia organizativa y administrativa. Esta institución ha logrado importantes avances en la última década y, entre otras cosas, ha revisado los procesos de control y seguimiento de sus informes de auditoría, también con el apoyo de la OCDE (OCDE, 2014[4]; OCDE, 2016[5]). Gracias a las unidades de seguimiento de auditoría, creadas por la CGR en 2012, al Sistema Integrado para el Control de Auditorías (SICA) y al Programa de Apoyo al Cumplimiento (capítulo 2). No obstante, la CGR constató que, entre 2015 y 2020, en promedio, solo el 50% de las observaciones de auditoría incluidas en sus informes de auditoría de cumplimiento fueron atendidas por las entidades auditadas

Por consiguiente, la CGR adoptó varias medidas destinadas a mejorar la asimiliación de los informes de auditoría. Por ejemplo, en 2016 se puso en marcha el Programa de Apoyo al Cumplimiento (PAC) con el objetivo de identificar y aplicar mecanismos creativos para aumentar el índice de observaciones atendidas por las entidades auditadas. En 2019, la CGR realizó un ejercicio de evaluación interna, que mostró que las entidades públicas estaban satisfechas con esta iniciativa y la encontraban útil. Partiendo de estas percepciones, la CGR está explorando nuevos mecanismos para mejorar el impacto de esta iniciativa en el contexto de la Planificación Estratégica 2021-2024.

En este contexto, y con el objetivo de comprender mejor y encontrar soluciones innovadoras para mejorar el nivel de asimiliación de los informes de auditoría, la CGR colaboró con la OCDE para aplicar un enfoque conductual. El enfoque conductual (*Behavioural Insights*, BI) es un método inductivo que combina las perspectivas del comportamiento de la psicología, las ciencias cognitivas y las ciencias sociales con resultados empíricos para descubrir la forma en que los seres humanos realmente toman decisiones. Esta perspectiva se utiliza cada vez más para mejorar nuestra comprensión de la forma en que el contexto, los sesgos cognitivos y otras influencias afectan las conductas de las personas, incluidos los comportamientos relacionados con las políticas de integridad (OCDE, 2019[6]; OCDE, 2018[7]).

Seguir los informes de auditoría, o no (por completo o de manera puntual), también es producto del comportamiento humano. En pocas palabras, dentro de un contexto institucional y normativo determinado, un funcionario público recibe el informe de auditoría, lo lee, tiene que comprender y procesar la información que allí se le proporciona y, finalmente, decidirá si actúa en función de esa información. Si lo hace, tendrá que determinar en qué medida, cómo y deberá tener en cuenta las limitaciones que enfrenta. Entender quiénes son estas personas y por qué se comportan como lo hacen es, por tanto, relevante para informar de las mejoras que podrían influir positivamente en la asimiliación de los informes de auditoría de la CGR. La consideración de los factores psicológicos en la auditoría y en los campos relacionados con la contabilidad y la aplicación de la ley no es algo nuevo (Kida, 1984[8]; Kinney and Uecker, 1982[9]; Kassin, Dror and Kukucka, 2013[10]). Sin embargo, un reciente estudio de la OCDE sobre las aplicaciones del enfoque conductual en todo el mundo no encontró ejemplos de intervenciones centradas en los procesos de auditoría, pero algunos ejemplos de aplicaciones destinadas a garantizar el cumplimiento de las normas o reglamentos podrían ser importantes para inspirar las intervenciones en el mundo de la auditoría (OCDE, 2017[11]).

Para analizar el contexto chileno y desarrollar propuestas de intervenciones conductuales, el proyecto sigue la metodología BASIC, desarrollada por la OCDE para apoyar a los responsables de la formulación de políticas con herramientas, métodos y directrices éticas para llevar a cabo proyectos que apliquen el enfoque conductual (OCDE, 2019[6]). BASIC sigue un enfoque inductivo, basado en el contexto (Figura 1.1).

**Figura 1.1. El marco BASIC en el contexto del proyecto CGR-OCDE**

| CONDUCTA | ANÁLISIS | ESTRATEGIAS | INTERVENCIÓN | CAMBIO |
|---|---|---|---|---|
| Identificar los problemas de comportamiento que impiden la implementación oportuna de las observaciones de auditoría de la CGR | Comprender por qué tanto los auditores como los auditados en Chile actúan como lo hacen | Diseñar estrategias e intervenciones para lograr un cambio de comportamiento | Implementar una intervención piloto | Implementar algunas o todas las recomendaciones de la OCDE propuestas en este informe |

Fuente: (OCDE, 2019[6])

Para identificar los comportamientos relevantes de los actores y entender el contexto en Chile que está moldeando estos comportamientos (pasos B y A del marco BASIC), el proyecto llevó a cabo un análisis cualitativo exhaustivo basado en una investigación documental y varias entrevistas de investigación y discusiones de grupos focales con actores clave. Un análisis cuantitativo de las observaciones incluidas en los informes de auditoría complementó la investigación cualitativa (capítulo 2). Debido al COVID-19, la OCDE llevó a cabo la investigación cualitativa a través de videoconferencias. Las entrevistas se centraron en los funcionarios responsables de la auditoría interna y en las jefaturas de las entidades públicas a nivel nacional y municipal. La CGR formó un equipo de expertos encargados del proyecto, aportando información y comentarios y participando en reuniones organizadas y moderadas por la OCDE. A partir de este análisis, el capítulo 3 ofrece un conjunto de intervenciones concretas para abordarlas (paso S del marco BASIC).

Antes de pasar al contexto específico de Chile, este capítulo ofrece un breve análisis del papel que desempeñan los informes de auditoría para el impacto de las EFS, así como de los diversos factores que impulsan la adopción de los informes de auditoría por parte de las entidades auditadas y, por tanto, su potencial para generar cambios en la Administración pública. Por último, el capítulo se centra en los aspectos de comportamiento tanto de los auditores como de los auditados que son significativos para explicar la asimiliación de los informes de auditoría.

## Definir y medir el impacto de las EFS

El papel de las EFS en la promoción de la buena gobernanza ha evolucionado en las últimas décadas, pasando de actividades esencialmente orientadas al cumplimiento a un papel encaminado a comprender y mejorar la actuación de los gobiernos para cumplir con los ciudadanos. Este cambio ha llevado a diversificar los objetivos estratégicos, las auditorías y la función de asesoramiento de las EFS, para incluir el aporte de conocimientos basados en evidencia y la previsión en apoyo para la toma de decisiones, como complemento de las actividades tradicionales de supervisión (OCDE, 2016[12]). Las auditorías de desempeño de todo el gobierno y los tableros de control basados en datos que rastrean o predicen los cambios económicos son solo algunos ejemplos de las actividades de visión y previsión.

Este papel en constante evolución supone nuevos retos para las EFS al medir su impacto. Para las EFS que tradicionalmente se centran en las auditorías financieras y de cumplimiento, como es el caso de Chile, la medición del impacto se centra sobre todo en los indicadores basados en resultados, como el número de auditorías realizadas o los dictámenes de auditoría sin irregularidades. Más allá del nivel de producción, el impacto de una EFS en términos de resultados significativos podría medirse, por ejemplo, en términos de:

- ahorro derivado de las medidas aplicadas
- aumento de ingresos
- reducción del gasto
- aumento de la satisfacción con la prestación de servicios públicos por parte de la administración pública
- proporcionar seguridad jurídica garantizando el cumplimiento de los marcos jurídicos
- mejoras en la consecución de otros objetivos políticos, por ejemplo, relacionados con los ODS (calidad medioambiental, educación, salud, igualdad de género, lucha contra la corrupción y la integridad, etc.).

Uno de los principales retos de las EFS para medir su impacto es la dificultad que tienen para atribuir a sus acciones y productos específicos los cambios observados a nivel de resultados en las entidades auditadas y en la sociedad. A través de los informes de auditoría, una EFS tiene la capacidad de influir en las entidades auditadas y promover el cambio que, a la larga, puede conducir al impacto deseado en los niveles de resultados (Figura 1.2). Los resultados de la EFS en términos, por ejemplo, de número de auditorías, informes de auditoría publicados o la cantidad de recomendaciones emitidas, pueden ser medidos y claramente atribuidos a la EFS y están bajo su control directo. Sin embargo, la forma en que las entidades fiscalizadas utilizan estos resultados de las EFS está fuera de su control directo, pero es fundamental para alcanzar el resultado deseado de mayor nivel en la administración pública y en la prestación eficaz y eficiente de los servicios públicos.

**Figura 1.2. Teoría genérica simplificada del cambio de las entidades fiscalizadoras superiores**

Por ejemplo, un informe de auditoría (producto de la EFS) puede contribuir a mejorar la satisfacción de los usuarios de un servicio público (resultado). Pero un impacto potencial a este nivel de resultado derivado de un informe de auditoría debe haber pasado por acciones emprendidas por el auditado: por ejemplo, que una entidad pública que presta servicios a los ciudadanos aplique las recomendaciones de la auditoría (resultado intermedio). Por supuesto, la satisfacción de los usuarios depende de una gran variedad de factores y no solo de la implementación de las recomendaciones del informe de auditoría por parte del auditado. ¿Hasta qué punto –en caso de haberlo– es posible atribuir el aumento observado en la satisfacción de los clientes a los cambios implementados gracias a los informes de auditoría? ¿Acaso los cambios en la satisfacción de los usuarios se habrían registrado sin estos informes de auditoría? Sin un contraste, estas preguntas son difíciles de responder.

A su vez, suponiendo que las auditorías se realicen siguiendo las normas profesionales y que los informes de auditoría incluyan las observaciones y recomendaciones pertinentes, el impacto de las EFS a nivel del resultado intermedio, es decir, la asimilación de los informes de auditoría por parte del auditado, es más sencillo de establecer. A este nivel, el impacto puede medirse por la taza de implementación, entendido como el porcentaje de observaciones corregidas o de recomendaciones puestas en práctica incluidas en los informes de auditoría.

Siguiendo esta lógica, la taza e implementación es un buen indicador indirecto del éxito potencial de la auditoría externa y para medir la asimiliación inmediata de los informes de auditoría. Debido a su importante valor instrumental, este informe se centra en las formas de influir en este indicador.

No obstante, el indicador tiene algunos inconvenientes. Por ejemplo, es pertinente distinguir entre los tipos de auditoría. Las auditorías financieras y de cumplimiento suelen dar lugar a observaciones administrativas y de procedimiento que son relativamente fáciles de identificar y de seguir a través del índice de implementación. A su vez, las auditorías de resultados suelen dar lugar a recomendaciones sobre el diseño o la aplicación de políticas que son más difíciles de seguir. Otros puntos a tener en cuenta son:

- El índice de implementación, tal como se ha comentado, solo revela el impacto instrumental tangible, descuidando los otros tipos de impacto a nivel de resultados, tanto a nivel de la entidad pública como de la sociedad.
- El indicador no tiene en cuenta la importancia relativa (en términos financieros o sociales) de las observaciones o recomendaciones y la complejidad de su implementación.
- A menudo, algunas mejoras ya se implementan durante (y como resultado de) una auditoría en curso. En este caso, los auditores no formularán ninguna recomendación, aunque se haya registrado un impacto.
- La calidad de las recomendaciones es importante. Poner en práctica las recomendaciones no conduce necesariamente a mejoras y no poner en práctica las recomendaciones no siempre es malo, si su calidad no es adecuada (Desmedt et al., 2017[13]).

## Factores que influyen en la asimiliación de los informes de auditoría por parte de las entidades auditadas

Es probable que una serie de factores determinen si una entidad auditada del sector público está dispuesta y es capaz de abordar las observaciones o implementar los cambios recomendados a través de la auditoría externa de una EFS. La investigación y las buenas prácticas internacionales, reflejadas en las normas internacionales promovidas por organismos nacionales e internacionales, destacan tres grupos de variables que son claves para explicar el impacto de las EFS (Figura 1.3). Un primer grupo incluye factores relacionados con el propio proceso de auditoría ("nivel micro"), un segundo grupo considera factores que están relacionados con la EFS y las entidades auditadas ("nivel meso") y un tercer grupo considera diferentes grupos de presión fuera de la entidad auditada ("nivel macro").

**Figura 1.3. Factores que influyen en el impacto de las auditorías de desempeño realizadas por las EFS**

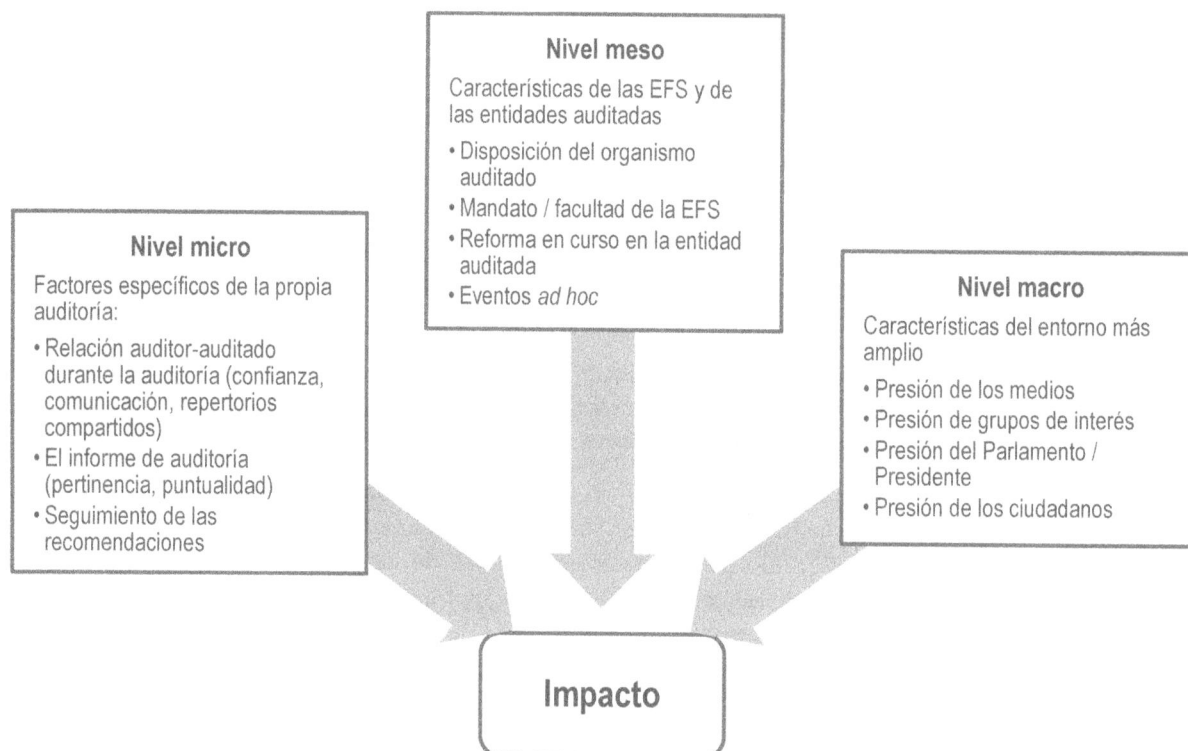

**Nivel meso**

Características de las EFS y de las entidades auditadas

- Disposición del organismo auditado
- Mandato / facultad de la EFS
- Reforma en curso en la entidad auditada
- Eventos *ad hoc*

**Nivel micro**

Factores específicos de la propia auditoría:

- Relación auditor-auditado durante la auditoría (confianza, comunicación, repertorios compartidos)
- El informe de auditoría (pertinencia, puntualidad)
- Seguimiento de las recomendaciones

**Nivel macro**

Características del entorno más amplio

- Presión de los medios
- Presión de grupos de interés
- Presión del Parlamento / Presidente
- Presión de los ciudadanos

**Impacto**

Fuente: (Van Loocke and Put, 2011[14]).

La comprensión de estos factores de impulso ayuda a identificar los puntos de entrada para las medidas concretas destinadas a aumentar la asimilación de los informes de auditoría y, por lo tanto, de forma indirecta, el impacto de la EFS en la promoción del cambio. Por un lado, las EFS pueden optimizar los factores que están bajo su control directo, como la relación entre el auditor y el auditado durante el propio proceso de auditoría, el informe de auditoría y los procesos de seguimiento. Por ejemplo, a nivel micro, un estudio realizado en Bélgica encontró que, en concreto, una comunicación fluida, la apertura entre los auditores y las entidades y el nivel de reconocimiento de la credibilidad y legitimidad de los auditados son relevantes para explicar el impacto (Desmedt and Pattyn, 2015[15]). Como subraya EUROSAI, "los resultados de la auditoría deben ser discutidos con el auditado antes de comenzar con la formulación de conclusiones y recomendaciones" (EUROSAI, 2021[16]). En la encuesta realizada por EUROSAI sobre la asimilación de las recomendaciones de auditoría, 27 de los 33 encuestados de las EFS europeas basan su recomendación en un diálogo con los auditados.

Por otro lado, en el caso de los factores que están fuera de su ámbito de influencia directa, las EFS pueden desarrollar estrategias destinadas a influir indirectamente en los auditados. En el nivel meso, el mismo estudio encontró que la posición de las recomendaciones de los auditores dentro de las prioridades de gestión, la voluntad de las autoridades y la voluntad política también resultaron ser significativas en el contexto belga (Desmedt and Pattyn, 2015[15]). A nivel macro, por ejemplo, una EFS puede intentar establecer alianzas con otros actores o favorecer procesos que mejoren su imagen en los medios de comunicación, en el legislativo o en el ejecutivo para promover la presión externa con el fin de garantizar el seguimiento de los informes de auditoría de parte de los auditados. Las partes interesadas deben participar desde la fase de planificación de un proceso de auditoría.

El seguimiento público de las medidas adoptadas por el ejecutivo para llevar a cabo acciones basadas en los informes de auditoría también puede contribuir a crear presión a nivel macro. En estudios realizados en Brasil se descubrió que hacer públicos los resultados de las auditorías de la Oficina de Contraloría General (*Controladoria Geral da União, CGU*), reducía significativamente la probabilidad de reelección de un alcalde en el que se denunciaban al menos dos infracciones asociadas a la corrupción (Ferraz and Finan, 2008[17]; Avis, Ferraz and Finan, 2018[18]).[1] En los países de la OCDE con datos disponibles, el 65,2% de los países hacen pública esta información, mientras que solo el 25% de los países de América Latina con datos disponibles lo hacen, entre ellos Brasil (Figura 1.4).

## Figura 1.4. Mientras que el 65,2% de los países de la OCDE informan públicamente de las medidas adoptadas por el ejecutivo para atender las recomendaciones de las auditorías, solo el 25% de los países de América Latina lo hacen

¿La entidad fiscalizadora superior (EFS) o el poder legislativo ponen a disposición del público un informe en el que se hace un seguimiento de las medidas adoptadas por el ejecutivo para atender las recomendaciones de las auditorías?

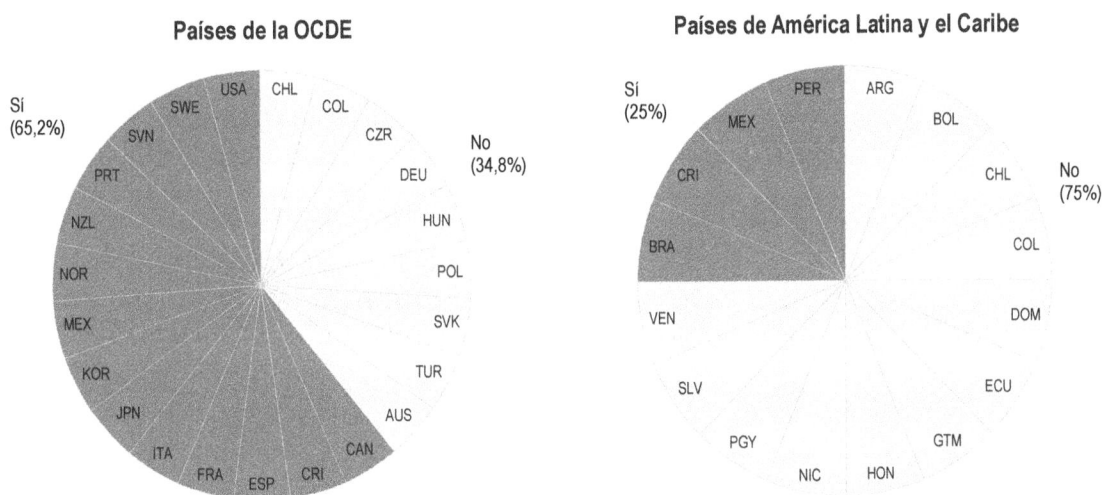

Nota: Los gráficos anteriores contaron como "sí" a todos los países que respondieron que "sí, la EFS o el poder legislativo informan públicamente sobre las medidas que el ejecutivo ha tomado para abordar todas/la mayoría/algunas recomendaciones de auditoría" (puntuación 100 para "todas", 67 para "la mayoría" o 33 para "algunas").
Fuente: Asociación Internacional del Presupuesto, Encuesta de presupuesto abierto 2019

No obstante, detrás del porcentaje de observaciones corregidas o de recomendaciones aplicadas que figuran en los informes de auditoría hay, al final, personas en las entidades auditadas que toman una decisión sobre si se adoptan medidas, o en qué grado. Estas personas actúan en un contexto normativo y cultural determinado, que proporciona incentivos y define sus decisiones. Puede haber obligaciones legales de aplicar las observaciones o recomendaciones de la auditoría, así como sanciones en caso de incumplimiento. Además, la pertinencia y la calidad de los informes de auditoría proporcionados influirán en la probabilidad de que se pongan en marcha o no. Como se ha mencionado en la introducción, los aspectos psicológicos, que se exploran en la siguiente sección también pueden influir en estos comportamientos de los auditados.

## Cómo contribuye el enfoque conductual a explicar el seguimiento a los informes de auditoría

Las barreras de comportamiento y los prejuicios tanto del auditor como del auditado pueden ayudar a explicar el éxito o el fracaso de las auditorías para lograr el impacto deseado. La Figura 1.5 ofrece una visión general de las lecciones aprendidas del enfoque conductual aplicado a la auditoría, que se analizan con más detalle en la siguiente sección. Al integrar estas lecciones en los procesos de auditoría, las EFS podrían anticiparse mejor a las implicaciones conductuales de sus auditorías y utilizar estos conocimientos para diseñar y ofrecer procesos e informes de auditoría más eficaces que tengan más probabilidades de ser seguidos, de conducir al cambio y, por tanto, de mejorar el bienestar de los ciudadanos.

**Figura 1.5. Principales lecciones aprendidas del enfoque conductual aplicado a la auditoría**

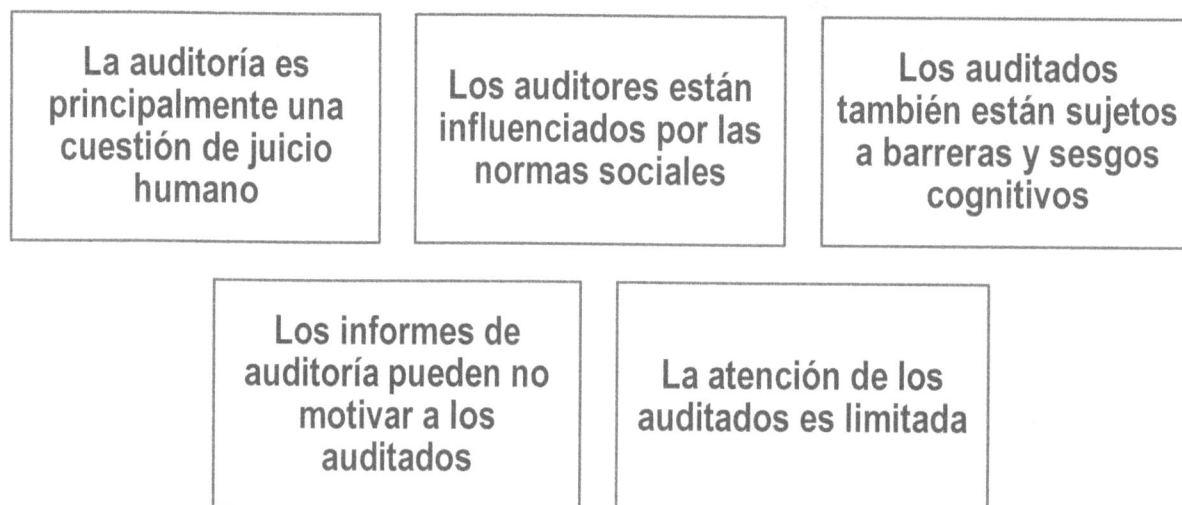

| La auditoría es principalmente una cuestión de juicio humano | Los auditores están influenciados por las normas sociales | Los auditados también están sujetos a barreras y sesgos cognitivos |
|---|---|---|
| Los informes de auditoría pueden no motivar a los auditados | La atención de los auditados es limitada | |

### *La auditoría es principalmente una cuestión de juicio humano*

La independencia y la objetividad son valores fundamentales de las EFS. Se definen en las Normas Internacionales de las Entidades Fiscalizadoras Superiores  como "estar libre de circunstancias o influencias que comprometan, o puedan ser vistas como comprometedoras, del juicio profesional, y actuar de manera imparcial y objetiva" (INTOSAI, 2019[19]). Sin embargo, la auditoría es principalmente una cuestión de juicio humano y, como tal, la objetividad no siempre es posible. De hecho, el juicio subjetivo de los auditores forma parte de la profesión. Las Normas internacionales de auditoría (NIA), a través de la NIA 200, definen el juicio profesional como la "aplicación de entrenamiento, conocimiento y experiencia relevantes (...) para tomar decisiones informadas sobre los cursos de acción que sean apropiados en las circunstancias del trabajo de auditoría". Los principios fundamentales de la auditoría del sector público (ISSAI 100) destacan que el juicio profesional implica la aplicación de conocimientos, habilidades y experiencia colectivos al proceso de auditoría (INTOSAI, 2019[20]). El juicio profesional, tal y como se define en la NIA 200 o la ISSAI 100, también es relevante en el momento de evaluar los resultados de la auditoría y la priorización de las observaciones y recomendaciones de la misma. Como tal, el juicio subjetivo, al igual que la crítica profesional, desempeña un papel fundamental al fundamentar el análisis del auditor.

Sin embargo, las lecciones aprendidas del enfoque conductual muestran que los juicios también pueden estar sujetos a sesgos cognitivos sistemáticos que podrían ser relevantes cuando se realiza una auditoría. Por ejemplo, los criterios de auditoría ayudan a guiar a los auditores en sus análisis y juicios. No obstante, como seres humanos, nuestros deseos influyen poderosamente en la forma en que interpretamos la información, incluso cuando intentamos ser objetivos e imparciales (Bazerman, Moore and Loewenstein, 2002[21]).

Los criterios de auditoría solo pueden resolver esto de forma parcial. A pesar de que los criterios de auditoría pueden orientar sobre la objetividad relativa, la auditoría deja un margen considerable para la ambigüedad. Por ejemplo, el sesgo de confirmación puede ser un problema cuando los auditores tienen ideas preconcebidas sobre la institución auditada o los procesos. Su auditoría puede entonces centrarse inconscientemente en los detalles que confirman sus creencias existentes. De hecho, el sesgo de confirmación podría afectar al juicio objetivo en ambas direcciones: en contra o a favor del auditado. En efecto, la investigación demostró que el grado en que los auditores tienden a apoyar al auditado ("actitud de apoyo") influye en la calidad de la evidencia recabada al sesgar los juicios iniciales de los auditores e influir en el tipo de evidencia posterior obtenida. Este sesgo de confirmación existe en particular para los auditores de baja incidencia, es decir, los auditores con bajos niveles de apoyo a las entidades auditadas, ya que tienden a planificar una búsqueda menos objetiva de más evidencia confirmatoria, demostrando potencialmente demasiada presunción de desconfianza en la gestión ("duda presuntiva") (Pennington, Schafer and Pinsker, 2017[22]).

Los auditores deben esforzarse por tener creencias iniciales neutrales. Sin embargo, inconscientemente, los sesgos cognitivos podrían afectar a nuestras creencias preexistentes y debilitar nuestra forma de obtener conclusiones a causa de las anécdotas que oímos, nuestra insensibilidad al tamaño de la muestra o nuestra tendencia a sobrestimar nuestra capacidad de interpretar y predecir los resultados dado un conjunto de información (la ilusión de validez). El exceso de confianza de los auditores puede perjudicar aún más la exactitud de los juicios del auditor.

Por ejemplo, las percepciones e historias sobre administraciones públicas corruptas e ineficientes podrían orientar a los auditores hacia la recopilación de evidencia que confirma esta percepción y el énfasis excesivo en la información desfavorable para los auditados, lo que daría lugar a recomendaciones que dejarían de ser objetivas. Este sesgo de confirmación en contra de las entidades auditadas puede no ser problemático en áreas de alto riesgo de corrupción y fraude, pero podría convertirse en un problema para las auditorías de bajo riesgo (Pennington, Schafer and Pinsker, 2017[22]). Sin duda, dificultará la motivación de los auditados y la creación de un clima constructivo entre los auditores y los auditados. Los auditados podrían percibir los sesgos cognitivos que están socavando el juicio profesional de los auditores. Esto, a su vez, podría deslegitimar las recomendaciones de auditoría y, en consecuencia, crear resistencia a su implementación.

### *Los auditores están influenciados por las normas sociales*

Las expectativas sobre el comportamiento "correcto" también pueden influir en los auditores. Los auditores forman parte de un grupo social, que puede ser la unidad del auditor, la EFS en la que trabajan o incluso la profesión de auditor en su conjunto. Lo que los auditores creen que la mayoría de los demás auditores de su grupo realmente hacen (expectativa empírica) o lo que creen que la mayoría de los demás auditores de su grupo esperan que hagan (expectativa normativa) pueden explicar el patrón de comportamiento y se denominan "normas sociales" (Bicchieri, 2005[23]; Bicchieri, 2017[24]). Estas normas sociales pueden ser extremadamente poderosas en la formación de comportamientos.

La Figura 1.6 describe la forma de diagnosticar un patrón de comportamiento observado (Bicchieri, 2017[24]). Por un lado, hay, claro está, razones por las que las personas siguen patrones de comportamiento sin importar lo que hagan los demás, ya sea porque cumple un propósito (costumbre) o porque se piensa que es lo correcto (norma moral). Por otra parte, el grupo social adquiere relevancia si el comportamiento de un individuo depende de lo que hacen los demás (norma descriptiva) o de lo que se cree que se espera y se castiga potencialmente en caso de que no se respete la norma (norma social). Si esas normas sociales son relevantes para explicar el comportamiento, las intervenciones que solo pretenden cambiar las normas formales o que pretenden apelar a lo que es lo "correcto" pueden fracasar en el cambio de comportamientos (Bicchieri, Lindemans and Jiang, 2014[25]; Yamin et al., 2019[26]).

### Figura 1.6. Diagnosticar las normas sociales

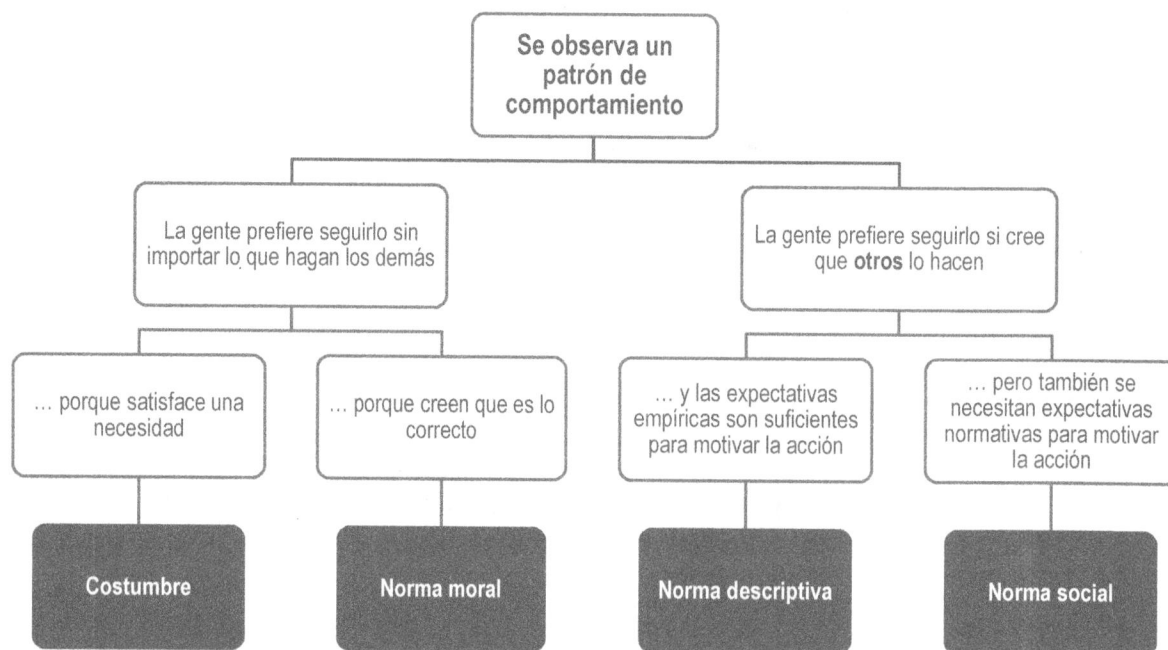

Fuente: Grupo de Formación y Consultoría sobre Normas Sociales Bicchieri and Penn, 2015, (Bicchieri, 2017[24]).

La existencia de normas sociales dentro de una determinada EFS podría generar culturas que refuerzan comportamientos específicos que, a su vez, pueden influir inconscientemente en el juicio y la labor de los auditores. En cierto sentido, son una especie de sesgo de deseabilidad social. Por ejemplo, independientemente de la formación de un auditor o de sus convicciones sobre lo que deben hacer los auditores en general, este auditor puede terminar ajustándose a esa norma social que prevalece en la unidad o en la EFS en la que trabaja.

Estas pautas de comportamiento, que están condicionadas por otras, podrían explicar la forma en que los auditores realizan su trabajo, redactan sus conclusiones y podrían afectar a la cantidad de conclusiones y recomendaciones. Por ejemplo, los auditores pueden tratar de encontrar muchas observaciones o proporcionar descripciones o justificaciones muy técnicas en los informes si creen que sus superiores o colegas esperan ese comportamiento, porque en la cultura interna lo ven como el producto típico que se puede esperar de un auditor hábil y productivo. Seguir la norma social se convierte entonces en la mejor respuesta a las expectativas dadas, ya que es probable que se recompense (formal o informalmente). A su vez, los superiores o los colegas pueden percibir como incompetente o perezoso a un auditor que decida empezar a redactar informes breves en un lenguaje sencillo y con recomendaciones concisas.

En consecuencia, estas dinámicas sociales que influyen en el comportamiento de los auditores podrían dar lugar a informes de auditoría más adaptados a las necesidades internas de la carrera del auditor (evaluación del desempeño, visibilidad o aprobación por parte de colegas y supervisores), que a las necesidades de los auditados. Una vez más, esto podría perjudicar la relevancia de los informes de auditoría para los auditados y, por tanto, su asimiliación.

### *Los auditados también están sujetos a barreras cognitivas y prejuicios*

El auditado también puede estar sujeto a prejuicios al recibir los resultados de la auditoría que pueden afectar negativamente su asimilación. Por ejemplo, las personas tienden a ver los defectos en los demás con más facilidad que en sí mismas y los auditados pueden tener dificultades para aceptar que han cometido errores o que haciendo las cosas de otra manera podrían mejorar su gestión. Además, si la primera percepción o asociación del proceso de auditoría o del informe de auditoría es negativa, es probable que todo lo relacionado con la auditoría se perciba también negativamente (efecto de anclaje) y provoque reacciones contrarias. Esto, a su vez, puede afectar al seguimiento de las observaciones o a la asimilación de las recomendaciones. Por último, un estudio realizado en Noruega muestra que puede haber efectos relacionados con la antigüedad de los gestores públicos auditados. En el contexto noruego, donde se ha llevado a cabo el estudio, los funcionarios de alto rango parecen ser menos positivos hacia las auditorías de desempeño que los funcionarios de menor rango (Reichborn-Kjennerud, 2013[27]). Esta actitud negativa también puede implicar que sean más proclives a rechazar las conclusiones incluidas en los informes de auditoría. Al mismo tiempo, los altos directivos suelen ser los receptores de los informes de auditoría.

Los auditados también pueden percibir los informes de auditoría como injustos. Como se ha mencionado anteriormente, los criterios de auditoría pueden ayudar a orientar la objetividad, pero los criterios o su aplicación también pueden percibirse como injustos. A su vez, la percepción de justicia es muy importante. Los hallazgos de las neurociencias sugieren que experimentar un trato injusto y excluyente puede desencadenar reacciones en el cerebro similares a las de experimentar dolor (Eisenberger, Lieberman and Williams, 2003[28]). Además, la evidencia sugiere que los juicios subjetivos sobre la justicia de los resultados son menos importantes psicológicamente que los juicios subjetivos sobre la justicia del proceso (Lind and Tyler, 1988[29]; Lind et al., 1993[30]; Walker et al., 1974[31]; Tyler, 2006[32]). A partir de estos resultados, cabe considerar que, al diseñar y administrar las normas teniendo en cuenta la percepción de equidad, los gobiernos pueden minimizar las experiencias que los ciudadanos perciben como injustas. Esto, a su vez, hace más probable que acepten y cumplan las normas y decisiones, se sientan incluidos y confíen en su gobierno (Lind and Arndt, 2016[33]).

También se aplican consideraciones similares a los procesos de auditoría. Si las personas auditadas perciben que han sido tratadas injustamente -ya sea de forma justificada o no- será menos probable que confíen en los auditores y en el proceso de auditoría, encontrarán inconscientemente justificaciones contra los auditores y sus conclusiones y, por lo tanto, será menos probable que sigan o cumplan las conclusiones y recomendaciones de la auditoría.

### *Los informes de auditoría podrían no motivar a los auditados*

Los informes de auditoría y las recomendaciones también podrían desmotivar a las entidades auditadas en la implementación de las recomendaciones. Como señala el Tribunal de Cuentas Europeo, los informes de auditoría tienden a tener un tono impersonal y pueden distanciar involuntariamente al lector de las conclusiones y observaciones (European Court of Auditors, 2013[34]). En parte, este tono puede deberse a la arraigada lucha por la independencia y la objetividad dentro de la profesión de auditoría.

La falta de motivación también puede deberse a la falta de claridad en las responsabilidades, lo que permite a los gestores públicos racionalizar la inacción negándose a ver o aceptar su propia responsabilidad, especialmente si el incumplimiento no conlleva ninguna consecuencia. Por ello, las recomendaciones deben dirigirse claramente a un grupo u oficina específicos para evitar la difusión de la responsabilidad. Un problema relacionado es la tendencia a que algunos auditores eviten hacer declaraciones definitivas: *parece que, al parecer, puede tener*. Esta redacción puede ser necesaria a falta de criterios definitivos que exijan a las entidades fiscalizadas la adopción de medidas concretas; sin embargo, también puede insinuar que las recomendaciones son simples sugerencias, con lo que, de nuevo, se fomenta la inacción.

Además, algunos resultados de la auditoría suelen formularse como observaciones que indican, por ejemplo, el incumplimiento de una norma o un procedimiento. Estas observaciones, si no incluyen directrices con respecto a las acciones correctivas o no muestran claramente al auditado la justificación para abordar la observación, pueden no desencadenar el comportamiento deseado. Sin embargo, como se subraya también en un reciente informe de EUROSAI, las EFS deben evitar ponerse en una situación en la que tengan que auditar soluciones que hayan propuesto ellas mismas. Por lo tanto, para lograr un equilibrio entre ayudar a las entidades fiscalizadas y evitar estas complicaciones, las recomendaciones podrían formularse con un estilo que describa *lo que* la entidad fiscalizada debe hacer, y no *cómo* debe hacerlo (EUROSAI, 2021[16]).

Por último, una supervisión y un escrutinio agresivos podrían afectar negativamente a la motivación intrínseca de los funcionarios para abordar las observaciones de la auditoría y aplicar las recomendaciones. En efecto, la introducción de un mecanismo de control o de una supervisión agresiva es una señal de desconfianza (OCDE, 2018[7]). Se ha demostrado que un control demasiado estricto reduce significativamente los esfuerzos de la persona controlada (Falk and Kosfeld, 2006[35]). Obliga a las personas a realizar únicamente el mínimo esfuerzo necesario para pasar el control, pero elimina el elemento de reciprocidad positiva: los empleados sometidos a controles pueden sentirse menos obligados a cumplir (Lambsdorff, 2015[36]; OCDE, 2018[7]). Por lo tanto, las EFS deben encontrar el equilibrio adecuado entre la promoción del cumplimiento a través de la motivación intrínseca y a través del control y la supervisión en el seguimiento de los informes de auditoría.

### La atención de los auditados es limitada

La atención de las personas es limitada y se distrae fácilmente. El seguimiento de los informes de auditoría compite con otras tareas de los funcionarios de las entidades auditadas. Los responsables de la implementación de las medidas correctivas o de la consideración e implementación de las recomendaciones de la auditoría pueden estar simplemente sobrecargados de trabajo y no comprender la relevancia de los informes de auditoría. Especialmente las auditorías de cumplimiento, aunque necesarias y pertinentes, pueden llevar a los funcionarios a buscar únicamente el cumplimiento formal y a asegurarse de que han "marcado las casillas correctas". Este enfoque es muy humano, ya que minimiza el estrés y el esfuerzo dada la carga de trabajo que genera la auditoría, pero es contrario a las buenas prácticas señaladas en la Recomendación de la OCDE sobre integridad pública y otras normas internacionales, y es poco probable que impulse un cambio real.

Por último, cuando los procesos son demasiado complicados, los informes de auditoría son demasiado largos, contienen demasiadas recomendaciones o, en general, hay demasiada información, los auditados pueden experimentar fatiga en la toma de decisiones por considerar demasiados datos. Esto puede dar lugar a que los funcionarios tomen una decisión errónea, seleccionen las prioridades equivocadas o aplacen la decisión por completo. La sobrecarga también puede generar o intensificar una actitud ya negativa hacia el trabajo creado por las auditorías. En Noruega, por ejemplo, un estudio reveló que los funcionarios más expuestos a la auditoría eran, en general, más negativos hacia ella (Reichborn-Kjennerud, 2013[27]).

# Referencias

Avis, E., C. Ferraz and F. Finan (2018), "Do government audits reduce corruption? Estimating the impacts of exposing corrupt politicians", *Journal of Political Economy*, Vol. 126/5, pp. 1912-1964, https://doi.org/10.1086/699209. [18]

Bazerman, M., D. Moore and G. Loewenstein (2002), *Why good accountants do bad audits*. [21]

Bicchieri, C. (2017), *Norms in the wild: How to diagnose, measure, and change social norms*, https://doi.org/10.1093/acprof:oso/9780190622046.001.0001. [24]

Bicchieri, C. (2005), *The grammar of society: The nature and dynamics of social norms*, https://doi.org/10.1017/CBO9780511616037. [23]

Bicchieri, C., J. Lindemans and T. Jiang (2014), "A structured approach to a diagnostic of collective practices", *Frontiers in Psychology*, Vol. 5, https://doi.org/10.3389/fpsyg.2014.01418. [25]

Desmedt, E. et al. (2017), "Impact of performance audit on the administration: A belgian study (2005-2010)", *Managerial Auditing Journal*, Vol. 32/3, pp. 251-275, https://doi.org/10.1108/MAJ-04-2016-1368. [13]

Desmedt, E. and V. Pattyn (2015), *De impact van de performance audits van het Rekenhof. Survey bij ambtenaren van de federale overheid*, Versie Aanvaard Voor Publicatie in VTOM, Vlaams Tijdschrift Voor Overheidsmanagement, No. 7. 103-120. [15]

Eisenberger, N., M. Lieberman and K. Williams (2003), "Does rejection hurt? An fMRI study of social exclusion", *Science*, Vol. 302/5643, pp. 290-292, https://doi.org/10.1126/science.1089134. [28]

European Court of Auditors (2013), *Report-writing guideline*. [34]

EUROSAI (2021), *Follow-up of the implementation of audit recommendations: Best practices guide, issued by the project group*, European Organisation of Supreme Audit Institutions (EUROSAI). [16]

Falk, A. and M. Kosfeld (2006), "The Hidden Costs of Control", *American Economic Review*, Vol. 96/5, pp. 1611-1630. [35]

Ferraz, C. and F. Finan (2008), "Exposing corrupt politicians: The effects of Brazil's publicly released audits on electoral outcomes", *The Quarterly Journal of Economics* May, pp. 703-745, http://papers.ssrn.com/sol3/papers.cfm?abstract_id=997867 (accessed on 30 December 2014). [17]

IDI (2021), *Facilitating Audit Impact (FAI) Strategy*, INTOSAI Development Initiative, Oslo, https://idi.no/elibrary/relevant-sais/fai/1408-facilitating-audit-impact-fai-strategy/file (accessed on 12 April 2022). [3]

INTOSAI (2019), *Code of Ethics - International Standards of Supreme Audit Institutions ISSAI 130*, International Organisation of Supreme Audit Institutions, Vienna, https://www.issai.org/pronouncements/issai-130-code-of-ethics/ (accessed on 5 May 2021). [19]

INTOSAI (2019), *INTOSAI-P 12 The Value and Benefits of Supreme Audit Institutions: Making a difference to the lives of citizens*, AuditInternational Organisation of Supreme Audit Institutions (INTOSAI). [1]

INTOSAI (2019), *ISSAI 100 Fundamental Principles of Public-Sector Auditing*, International Organisation of Supreme Audit Institutions (INTOSAI), https://www.issai.org/pronouncements/issai-100-fundamental-principles-of-public-sector-auditing/ (accessed on 17 May 2021). [20]

INTOSAI (2010), *How to increase the use and impact of audit reports: A guide for Supreme Audit Institutions*, INTOSAI Capacity Building Committee, https://iniciativatpa.org/wp-content/uploads/2014/05/Increase-impact-of-audit-reports.pdf (accessed on 28 September 2020). [2]

Kassin, S., I. Dror and J. Kukucka (2013), "The forensic confirmation bias: Problems, perspectives, and proposed solutions", *Journal of Applied Research in Memory and Cognition*, Vol. 2/1, pp. 42-52, https://doi.org/10.1016/j.jarmac.2013.01.001. [10]

Kida, T. (1984), *The Impact of Hypothesis-Testing Strategies on Auditors' Use of Judgment Data*. [8]

Kinney, W. and W. Uecker (1982), *Mitigating the Consequences of Anchoring in Auditor Judgments*, https://www.jstor.org/stable/246739. [9]

Lambsdorff, J. (2015), "Preventing corruption by promoting trust – insights from behavioral science", *Passauer Diskussionspapiere*, No. V-69-15, Universität Passau, Passau, https://doi.org/10.13140/RG.2.1.3563.4006. [36]

Lind, E. and C. Arndt (2016), "Perceived Fairness and Regulatory Policy: A Behavioural Science Perspective on Government-Citizen Interactions", *OECD Regulatory Policy Working Papers*, No. 6, OECD Publishing, Paris, https://doi.org/10.1787/1629d397-en. [33]

Lind, E. et al. (1993), "Individual and Corporate Dispute Resolution: Using Procedural Fairness as a Decision Heuristic", *Administrative Science Quarterly*, Vol. 38/2, p. 224, https://doi.org/10.2307/2393412. [30]

Lind, E. and T. Tyler (1988), *The Social Psychology of Procedural Justice*, Springer US, Boston, MA, https://doi.org/10.1007/978-1-4899-2115-4. [29]

OCDE (2019), *Tools and Ethics for Applied Behavioural Insights: The BASIC Toolkit*, OECD Publishing, Paris, https://doi.org/10.1787/9ea76a8f-en. [6]

OCDE (2018), *La integridad pública desde una perspectiva conductual: El factor humano como herramienta anticorrupción*, Estudios de la OCDE sobre Gobernanza Pública, OECD Publishing, Paris, https://doi.org/10.1787/9789264306745-es. [7]

OCDE (2017), *Behavioural Insights and Public Policy: Lessons from Around the World*, OECD Publishing, Paris, https://doi.org/10.1787/9789264270480-en. [11]

OCDE (2016), *Avances en la Entidad Fiscalizadora Superior de Chile: Reformas, Alcance e Impacto*, Estudios de la OCDE sobre Gobernanza Pública, OECD Publishing, Paris, https://doi.org/10.1787/9789264250642-es. [5]

OCDE (2016), *Entidades Fiscalizadoras Superiores y el buen gobierno: Supervisión, información y visión*, Estudios de la OCDE sobre Gobernanza Pública, OECD Publishing, Paris, https://doi.org/10.1787/9789264280625-es. [12]

OCDE (2014), *Chile's Supreme Audit Institution: Enhancing Strategic Agility and Public Trust*, OECD Public Governance Reviews, OECD Publishing, Paris, https://doi.org/10.1787/9789264207561-en. [4]

Pennington, R., J. Schafer and R. Pinsker (2017), "Do Auditor Advocacy Attitudes Impede Audit Objectivity?", *Journal of Accounting, Auditing & Finance*, Vol. 32/1, pp. 136-151, https://doi.org/10.1177/0148558X16641862. [22]

Reichborn-Kjennerud, K. (2013), "Resistance to Control—Norwegian Ministries' and Agencies' Reactions to Performance Audit", *Public Organization Review*, Vol. 15/1, pp. 17-32, https://doi.org/10.1007/s11115-013-0247-6. [27]

Tyler, T. (2006), *Why People Obey the Law*, Princeton University Press, Princeton. [32]

Van Loocke, E. and V. Put (2011), *The Impact of Performance Audits: A Review of the Existing Evidence*, Edward Elgar Publishing, https://doi.org/10.4337/9780857931801.00016. [14]

Walker, L. et al. (1974), "Reactions of Participants and Observers to Modes of Adjudication1", *Journal of Applied Social Psychology*, Vol. 4/4, pp. 295-310, https://doi.org/10.1111/j.1559-1816.1974.tb02601.x. [31]

Yamin et al. (2019), "Using Social Norms to Change Behavior and Increase Sustainability in the Real World: A Systematic Review of the Literature", *Sustainability*, Vol. 11/20, p. 5847, https://doi.org/10.3390/su11205847. [26]

## Nota

[1] Cabe destacar que la Contraloría General de la Unión (CGU) de Brasil es responsable de las auditorías internas. La EFS de Brasil es el Tribunal Federal de Cuentas (*Tribunal de Contas da União, TCU*).

# 2 Principales retos para el seguimiento de los informes de auditoría en Chile

Este capítulo presenta el actual proceso de seguimiento de los informes de auditoría en Chile, así como los principales retos que reducen la probabilidad de que las entidades auditadas aborden las observaciones de auditoría. En Chile, estos retos están relacionados principalmente con la cantidad de observaciones de auditoría, la percepción de injusticia, la falta de comunicación y las limitaciones de capacidad. Estos retos conducen, entre otras cosas, a la fatiga de las decisiones y afectan a la motivación de los auditados y a su actitud hacia la auditoría en general.

## El proceso de seguimiento de los informes de auditoría externa en Chile

Para entender cómo las percepciones conductuales podrían ayudar a mejorar el índice de implementación de las observaciones de auditoría en Chile, es necesario contar con algunos antecedentes. El método inductivo del enfoque conductual implica que las estrategias sugeridas para abordar los problemas identificados, propuestos en el capítulo 3, deben basarse en una comprensión profunda del contexto dado. Para entender cómo el enfoque conductual podría ayudar a mejorar la implementación de las observaciones de auditoría en Chile, es necesario contar con algunos antecedentes. Para proporcionar los antecedentes pertinentes, esta sección revisa brevemente el alcance de las auditorías externas en Chile, el proceso de seguimiento de los informes de auditoría y los principales actores involucrados en este proceso.

### *El mandato de la auditoría externa en Chile se centra en las auditorías de cumplimiento*

En Chile, los informes de auditoría elaborados por la Contraloría General de la República (CGR) se centran actualmente en el cumplimiento legal. Los informes contienen observaciones respecto al incumplimiento de la normativa o de los procedimientos. Los servicios auditados deben corregir estas observaciones para garantizar el cumplimiento. Los informes de auditoría de la CGR suelen limitarse a describir el hallazgo, pero no las vías para adoptar medidas correctivas. Desde 2014, la CGR se ha esforzado por orientar a los auditores para que ofrezcan a las entidades auditadas una guía sobre las medidas que podrían tomarse para responder a las observaciones y los auditores pueden incluir sugerencias de medidas correctivas (Orden de Servicio Nº 30, de 2014). Por supuesto, hay que tener cuidado de no coadministrar. No obstante, los auditados entrevistados indicaron que, a veces, agradecerían más orientación para garantizar un seguimiento correcto.

Al igual que otros países de América Latina (Figura 2.1), la CGR en Chile no tiene actualmente un mandato para realizar auditorías de desempeño en Chile (OCDE, 2020[1]). Las auditorías de desempeño podrían dar lugar a recomendaciones de auditoría, donde el valor añadido a la gestión pública es más fácil de ver para los jefes de servicio y los funcionarios. De hecho, las EFS están utilizando las auditorías de desempeño para proporcionar una valiosa visión de los problemas y riesgos complejos, como la modernización de los sistemas de regulación financiera obsoletos y la protección de la seguridad pública (OCDE, 2020[1]).

Se está debatiendo la posibilidad de ampliar el mandato de la CGR para incluir auditorías de desempeño. De hecho, desde 2019 la CGR realiza auditorías 3E (eficiencia, eficacia y economía) que, aunque se basan en el cumplimiento legal, tienen un enfoque más orientado al desempeño. En 2020, la CGR también ha puesto en marcha un Departamento de Auditoría Financiera que ha realizado auditorías financieras en los últimos años. Sin embargo, estos son todavía nuevos desarrollos y aún no se aplican ampliamente. De hecho, tradicionalmente, el mandato de la CGR en Chile excluye la fiscalización del "mérito" de las decisiones políticas o administrativas y considera que la verificación y evaluación del cumplimiento de los objetivos y metas de las políticas es un mandato de la administración pública, no de la CGR. No obstante, como se destacó en la revisión de la EFS de Chile de la OCDE, la auditoría de gestión no necesita cuestionar el fundamento de las intenciones y las decisiones; en cambio, puede centrarse en el examen de posibles deficiencias en la organización, la gestión y el apoyo, y Chile podría considerar seguir avanzando en esta dirección (OCDE, 2014[2]). Por supuesto, las auditorías de cumplimiento seguirán desempeñando un papel importante en el futuro.

**Figura 2.1. Mandato de las EFS para las auditorías de gestión en América Latina, 2019**

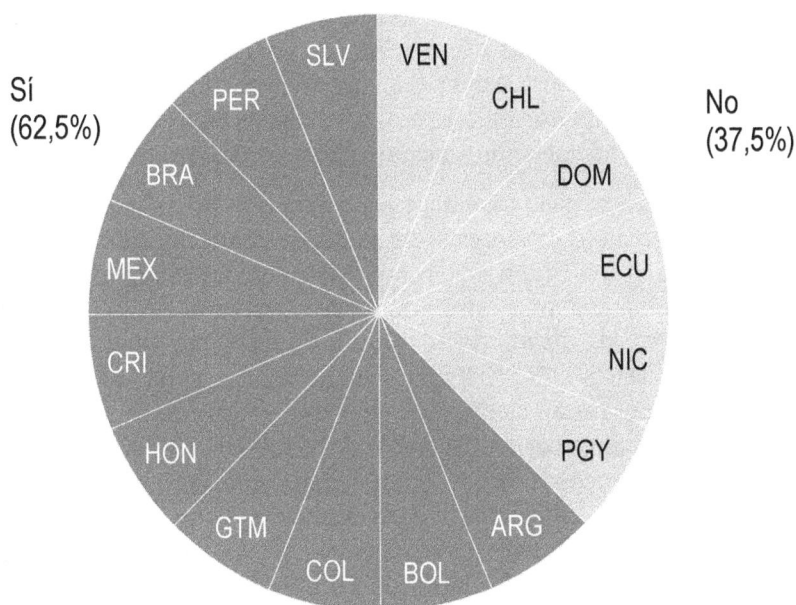

Nota: La pregunta original de la encuesta es: "¿Qué tipo de auditorías (de cumplimiento, financieras o de desempeño) ha realizado la entidad fiscalizadora superior (EFS) y ha puesto a disposición del público?" En los gráficos anteriores se contabilizaron como "sí" todos los países con una puntuación de 100, lo que significa que los países realizan los tres tipos de auditorías, y como "no" los países con una puntuación de 67 o 33, lo que significa que los países realizan al menos uno o dos tipos de auditorías. El valor de Colombia se ha corregido a "sí", lo que refleja que la Contraloría General de la República de Colombia está autorizada a realizar auditorías de desempeño (OCDE, 2021[3]).
Fuente: Asociación Internacional del Presupuesto, Encuesta de presupuesto abierto 2019

### *El proceso de seguimiento de los informes de auditoría se ha revisado y ha mejorado en los últimos años*

A lo largo de la última década, el proceso mediante el cual la CGR realiza el seguimiento de los informes de auditoría para supervisar y aumentar la implementación de las observaciones de la auditoría ha cambiado y mejorado significativamente. Hasta 2012, el seguimiento de los informes de auditoría anteriores se realizaba cuando los auditores de la CGR visitaban la misma entidad para una nueva auditoría. Sin embargo, dado que la cobertura de la CGR incluye cerca de 4.000 servicios auditados, tanto a nivel nacional como municipal, era muy difícil que la CGR volviera a visitar una entidad en el corto plazo. Los auditores de campo tuvieron entonces que equilibrar el trabajo de seguimiento con la planificación de la auditoría y la ejecución de la misma. En consecuencia, los procesos de seguimiento muchas veces simplemente no se realizaban o no se efectuaban de manera oportuna, con la consecuencia de que a la CGR le resultaba difícil seguir y medir el aprovechamiento de las observaciones de la auditoría.

En 2012, la CGR creó unidades de seguimiento de auditorías (unidades de seguimiento) para asegurar que los auditados respondan a las observaciones e implementen medidas correctivas (Resolución Nº 6.920, de 2011, de la CGR). Las unidades de seguimiento de auditorías, que son independientes de los equipos de auditoría, comenzaron a implementarse en febrero de 2012. La Coordinación Nacional de Seguimiento de la CGR dirige y coordina las unidades de seguimiento de auditorías y elabora manuales y guías técnicas para apoyar el proceso de seguimiento. En conjunto, la Unidad de Coordinación Nacional de Seguimiento y las unidades de seguimiento de las auditorías permitieron hacer una verificación más amplia y oportuna del cumplimiento de las observaciones de las auditorías proporcionadas por la CGR, al tiempo que generaron información relevante sobre el proceso y sus resultados.

En 2014, la revisión de la OCDE a la CGR descubrió que las partes interesadas siguen percibiendo que el trabajo de la CGR se centra principalmente en la detección de errores y en la legalidad de los actos. Para mejorar su impacto, la revisión de la OCDE recomendó ampliar el alcance de la información que proporciona, los métodos de entrega de esta información y el trabajo con el público receptor. La revisión recomendó además cooperar con las instituciones públicas, incluyendo la estructura de auditoría interna en Chile, y en particular el Consejo de Auditoría Interna General de Gobierno (CAIGG), para asegurar la eficiencia y eficacia de su trabajo manteniendo su independencia (OCDE, 2014[2]).

Dos años más tarde, la encuesta realizada para el seguimiento de la revisión de la OCDE documentó los avances y demostró que tanto los funcionarios de la CGR como las partes interesadas externas reconocieron los esfuerzos de la CGR para involucrar mejor a sus diversos públicos (OCDE, 2016[4]). También se han incorporado mejoras en el sistema a través del cual la CGR controla y recopila sus resultados de auditoría. En particular, a partir de 2014 se comenzó a utilizar el Sistema Integrado para el Control de Auditorías (SICA) de la CGR. El SICA permite registrar una gran cantidad de información sobre los resultados del seguimiento. Esta herramienta, junto con las unidades de seguimiento de las auditorías, permitió verificar con mayor puntualidad el cumplimiento de las observaciones realizadas por la CGR. La información también alimenta los procesos de planificación de futuras auditorías. El SICA también permite a la CGR procesar y sintetizar los resultados de las auditorías para generar clasificaciones de las entidades del sector público y los municipios. Estas clasificaciones tienen en cuenta las observaciones formuladas y los procedimientos disciplinarios abiertos. Lo anterior refleja el avance del control de los informes de auditoría hacia un control más amplio de las observaciones. En la actualidad, las observaciones permanecen activas hasta que se corrigen, independientemente de su fecha o de su relación con una auditoría concreta. (OCDE, 2016[4]). El SICA se actualizó en 2021 con el objetivo de hacerlo más fácil de usar.

En 2016, la CGR creó el Programa de Apoyo al Cumplimiento (PAC) para apoyar la ejecución de las observaciones a través de las unidades de seguimiento de las auditorías. El programa ofrece herramientas metodológicas a los entes públicos para ayudarles a analizar los problemas detectados en las auditorías y definir un plan de trabajo que permita superar estos problemas y evitar que se repitan los mismos errores en el futuro.

Además, en 2018 la responsabilidad de supervisar la implementación de las observaciones de menor nivel de complejidad se transfirió a los responsables de control interno de los servicios auditados (Oficio 14.100). En efecto, las observaciones se están clasificando en función de su complejidad:

- observaciones complejas y muy complejas, que pueden poner en riesgo la responsabilidad administrativa, civil o penal de los funcionarios implicados
- observaciones moderadamente complejas y ligeramente complejas, que no implican responsabilidad administrativa, civil o penal de los funcionarios implicados.

Estos cambios con respecto a la responsabilidad de seguimiento permitieron reducir la carga de trabajo de las unidades de seguimiento de las auditorías de la CGR, mejorando así su capacidad de seguimiento del proceso global de implementación y de centrarse en las observaciones de mayor complejidad e impacto. Además, al involucrar a las unidades de auditoría interna, los cambios permitieron una mejor alineación y cooperación entre las funciones de auditoría interna y externa. En 2018, la CGR puso en marcha un sistema en línea para apoyar a los entes públicos en el control del seguimiento de las observaciones, agilizando los procesos y facilitando la presentación de informes. El sistema también permite a la CGR hacer un seguimiento de los planes de trabajo elaborados conjuntamente con los servicios auditados que participan en el PAC. Se capacitó a los entes públicos sobre el uso de este sistema para asegurar una implementación exitosa de esta plataforma.

La Figura 2.2 resume los pasos del proceso de seguimiento de la auditoría que tiene como objetivo aumentar la asimiliación de los informes de auditoría. La CGR comunica las observaciones que requieren seguimiento a través del informe de auditoría, incluyendo los plazos para abordarlas. La persona responsable de la auditoría interna en la entidad auditada (es decir, el auditor interno o, en los municipios, el director de control interno) recibe una notificación por correo electrónico y organiza un equipo de trabajo de funcionarios en las áreas implicadas de la entidad. A través del sistema en línea, el auditor interno o el director de control interno puede asignar tareas, así como gestionar y seguir la implementación de las medidas correctivas. El sistema también genera alertas automáticas cuando se acercan los plazos. Una vez que los funcionarios han aplicado las medidas correctivas, pueden cargar la información en el sistema. El auditor interno o el director de control interno revisa esta información e informa de la recomendación como atendida (para las observaciones de menor nivel de complejidad) o envía la información a la CGR a través del SICA (para las observaciones de mayor nivel de complejidad). En este último caso, la CGR revisa la información aportada y da por concluido el proceso de seguimiento si el auditado adoptó las medidas correctivas necesarias. En caso contrario, la CGR mantiene las observaciones. Además de revisar la información ingresada en el sistema, en caso de ser necesario, las unidades de seguimiento pueden realizar visitas de campo a los servicios auditados.

**Figura 2.2. Los procesos de seguimiento de las auditorías de la CGR**

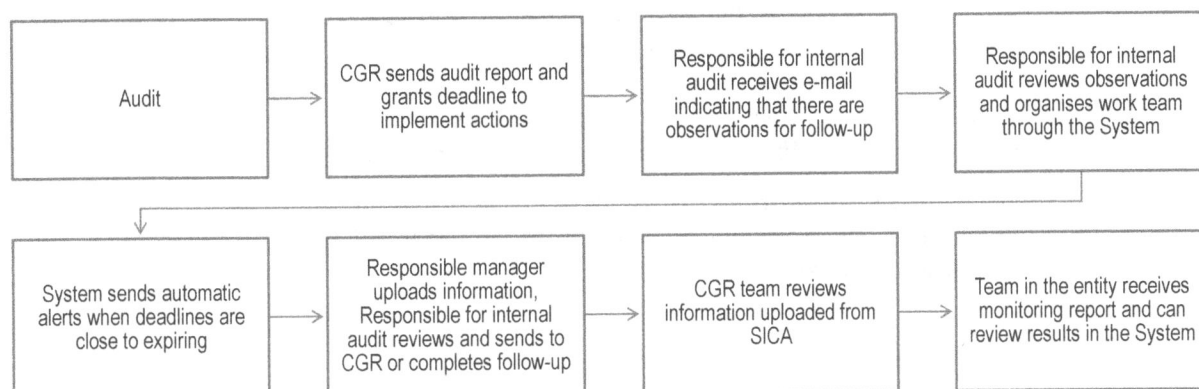

Fuente: Elaborado a partir de la información proporcionada por la CGR de Chile.

## *Los actores implicados en la auditoría y el proceso de seguimiento de la misma*

El enfoque conductual examina el proceso desde el punto de vista de los individuos implicados. Es necesario comprender su comportamiento y potencialmente orientarlo para mejorar la asimiliación de las observaciones de auditoría en el contexto chileno.

A nivel de la CGR, estas personas son:

- Los auditores de la CGR, encargados de realizar y supervisar las auditorías (ejecutivo de auditoría y equipos de auditoría), están en contacto directo con el servicio auditado y se comunican con los auditores internos o directores de control interno y, en menor medida, con los funcionarios. Realizan la auditoría que da lugar a las observaciones emitidas sobre el servicio y se encargan de redactar los informes. Los supervisores están a cargo de varios equipos de auditoría y desempeñan un papel importante en la configuración del proceso de auditoría.
- El personal de la Secretaría Técnica de Planificación de la CGR y de las unidades regionales de la CGR es el encargado de notificar a los auditados de una próxima auditoría.
- Los equipos de seguimiento de las auditorías de la CGR a nivel central y regional y la Unidad de Coordinación Nacional de Seguimiento de la CGR supervisan y dan seguimiento a los informes de auditoría. Se comunican con los servicios y los orientan y apoyan en el cumplimiento de las observaciones.

A nivel de los servicios auditados, los actores clave en Chile son:

- El responsable de la auditoría interna (el auditor interno a nivel nacional o el director de control interno a nivel municipal) desempeña un papel fundamental, ya que es la "banda de transmisión" entre la CGR, el jefe del servicio y los funcionarios de la entidad.

- El jefe del servicio (ministro designado, director o su similar a nivel nacional y alcalde electo a nivel municipal) tiene la responsabilidad última de las acciones realizadas en su servicio. Responden a incentivos políticos si son nombrados o a incentivos electorales si son elegidos.

- Los responsables de las unidades de los servicios auditados (funcionarios) que han sido objeto de las auditorías de la CGR son los que, al final, aplican (o no) las recomendaciones emitidas por la CGR en su ámbito de competencia.

## Implementación de las observaciones de auditoría en Chile

Gracias a las mejoras logradas por la CGR en los últimos años, los procesos de seguimiento de las auditorías han podido evidenciar que, en promedio durante el periodo 2015-2020, solo se corregía el 50% de las observaciones. Dado que la CGR está realizando auditorías de cumplimiento, esta cifra parece ser relativamente baja y ello ha despertado el interés de la CGR en mejorar su implementación. La CGR compartió con la OCDE los datos consolidados de las observaciones derivadas de los procesos de seguimiento de auditorías desde 2015. Dos cuadros resumen la información.

El Cuadro 2.1 muestra que entre 2015 y 2020, la CGR emitió 57.613 observaciones. El promedio de observaciones fue de 9.938 observaciones por año. Todas las observaciones se distribuyen en 1.894 servicios que fueron auditados durante este periodo.

### Cuadro 2.1. Cantidad de observaciones, 2015-2020

| Año | Total de observaciones |
|-----|------------------------|
| 2015 | 7 950 |
| 2016 | 9 399 |
| 2017 | 10 608 |
| 2018 | 11 058 |
| 2019 | 10 679 |
| 2020 | 7 919 |
| **Total** | **57 613** |

Fuente: CGR, cálculos de la OCDE

Por otro lado, el Cuadro 2.2 muestra que hay una gran cantidad de puntos en el conjunto de datos sin información sobre el estado del seguimiento de las observaciones. Según la CGR, la mayor parte de las observaciones sin información corresponde a observaciones que no han sido objeto de un seguimiento activo, bien por parte del servicio auditado en el caso de las observaciones menos complejas, bien por parte de la CGR en los casos complejos. Algunas de las observaciones que se han clasificado como "no seguidas" incluyen observaciones que no correspondían o cuyo seguimiento era inoportuno. En conjunto, los datos muestran que 46.183 observaciones han sido objeto de seguimiento, bien por la CGR, bien por los auditores internos o los directores de control interno de los servicios auditados, de las cuales 23.124 han sido subsanadas durante este periodo. Por lo tanto, según los datos disponibles, aproximadamente el 50% de las observaciones que han sido objeto de seguimiento no fueron corregidas.

Cuadro 2.2. Situación de las observaciones en función de su seguimiento e implementación, 2015-2020

| Situación | Sin información | Activa (Mantenida / No atendida) | Corregida (Atendida) | Total general |
|---|---|---|---|---|
| Con seguimiento | 1 023 | 22 036 | **23 124** | **46 183** |
| Sin seguimiento | 6 759 | 2 926 | 1 745 | 11 430 |
| Total general | 7 782 | 24 962 | 24 869 | 57 613 |

Fuente: CGR, cálculos de la OCDE.

## Principales desafíos que explican la implementación de las observaciones de auditoría en Chile

La investigación cuantitativa y cualitativa realizada por la OCDE puso de manifiesto los retos subyacentes que crean un entorno que influye en los comportamientos, actitudes y percepciones de los auditores y las entidades auditadas. A veces, las entidades auditadas pueden tener razones válidas para no estar de acuerdo con las observaciones de los informes de auditoría. Sin embargo, como se señaló en el capítulo 1 y se resume en la Figura 2.3, no solo los criterios racionales generan desacuerdo con las observaciones o la actitud hacia ellas.

Figura 2.3. Posibles factores conductuales que dificultan la implementación de las observaciones de las auditorías

| La auditoría es principalmente una cuestión de juicio humano | Los auditores están influenciados por las normas sociales | Los auditados también están sujetos a barreras y sesgos cognitivos | Los informes de auditoría pueden no motivar a los auditados | La atención de los auditados es limitada |
|---|---|---|---|---|
| • Los sesgos cognitivos (por ejemplo, el sesgo de confirmación) pueden afectar al juicio profesional de los auditores, lo que puede ser percibido por los auditados y deslegitimar los resultados de auditoría | • Las normas informales dentro de las EFS pueden incentivar la elaboración de informes siguiendo la dinámica interna y sin tener en cuenta las necesidades del auditado | • Los sesgos cognitivos y las percepciones de los auditados pueden perjudicar su aceptación de los informes de auditoría<br>• La percepción de injusticia en el proceso de auditoría puede influir negativamente en la predisposición de los auditados a confiar en los auditores, a aceptar las conclusiones y a aplicar las recomendaciones | • Los informes de auditoría, si no se presentan adecuadamente o no se asignan responsabilidades claras, pueden dejar de motivar a los funcionarios para que actúen o pueden permitir la difusión de la responsabilidad<br>• Un control o seguimiento agresivo puede debilitar la motivación intrínseca de los auditados | • Una complejidad excesiva, demasiadas observaciones o demasiada información pueden causar fatiga en la toma de decisiones, una actitud negativa hacia la auditoría o afectar la capacidad de ver la relevancia de los informes de auditoría. |

El análisis cualitativo realizado en Chile confirmó varios de los posibles obstáculos y sesgos de comportamiento subyacentes sugeridos en el capítulo 1. En específico, los siguientes tres desafíos contribuyen a explicar el índice de implementación de las observaciones incluidas en los informes de auditoría en Chile y se analizarán con más detalle en las siguientes subsecciones:

1. La cantidad de observaciones dificulta su implementación y puede desencadenar la fatiga de las decisiones y una actitud negativa hacia la auditoría en general.
2. La percepción de injusticia por parte de las entidades auditadas y las deficiencias en la comunicación entre los auditores y las entidades auditadas pueden mermar la voluntad de abordar los resultados de la auditoría.
3. Los jefes de servicio y los funcionarios de los servicios auditados muestran un bajo nivel de interés, apropiación y motivación con respecto a los resultados de la auditoría.

**La cantidad de observaciones dificulta su implementación y puede desencadenar la fatiga de las decisiones y una actitud negativa hacia la auditoría en general**

Una conclusión importante y coherente que se desprende de las entrevistas con las distintas partes interesadas se refiere a la cantidad de observaciones de la auditoría. Un número excesivo de observaciones provoca un sesgo de atención. En parte, la naturaleza legalista de las auditorías de cumplimiento que lleva a cabo la CGR puede tender intrínsecamente a conducir a un mayor número de observaciones, ya que es difícil dejar de lado incluso las cuestiones legales de menor importancia y porque existe un reto para evaluar la relevancia de las observaciones relacionadas con el incumplimiento de la normativa o los procedimientos. Sin embargo, la cantidad de observaciones específicas dificulta la visión de conjunto de las entidades fiscalizadas. Aunque la caracterización de las observaciones según su complejidad ayuda a clasificarlas y, por tanto, podría contribuir a que la lista de observaciones fuera más "digerible" para las entidades fiscalizadas, una razón recurrente del retraso en el tratamiento de las observaciones mencionada por las partes interesadas sigue estando relacionada con la cantidad de observaciones, que se ve agravada por las limitaciones de capacidad.

*Una alta concentración de observaciones en determinados servicios puede afectar a la implementación de las observaciones de auditoría*

Los datos proporcionados por la CGR indican un nivel de saturación relativamente alto de algunos servicios auditados en lo que respecta a las observaciones. El promedio de observaciones por informe de auditoría que se incluyeron en el proceso de seguimiento durante el periodo comprendido entre 2015 y 2020 fue de aproximadamente 5, con una desviación estándar de 7,30, lo que demuestra que existen diferencias significativas entre los informes de auditoría. Asimismo, el promedio de observaciones totales incluidas en el proceso de seguimiento por servicio auditado en el periodo de análisis fue de 28. En el conjunto de datos disponible, la entidad con más observaciones tuvo 371 observaciones, mientras que muchas solamente tuvieron una observación. En promedio, aproximadamente el 25% de los servicios auditados recibieron más de 30 observaciones, acumulando el 69% del total de observaciones. Esto muestra un nivel relativamente alto de concentración de observaciones en un pequeño grupo de servicios auditados. Como mencionó un funcionario en la entrevista: *"Mentalmente, un número elevado de observaciones es difícil de digerir... es mejor tener menos que demasiadas observaciones"*.

Esta concentración genera una carga de trabajo importante para las áreas de auditoría interna de estos servicios, además del trabajo definido en su plan anual de auditoría interna. A pesar de que los 592 servicios, que concentran la mayor parte de las observaciones, son responsables del 74,4% de las recomendaciones corregidas, son al mismo tiempo responsables del 79% de las que no han sido corregidas. Es de destacar que el 78,6% de las observaciones que no se han atendido, ha sido emitido respecto de las entidades que ya presentaban la mayor concentración de observaciones. Por lo tanto, cuanto mayor es el número de auditorías, menor es el porcentaje de implementación de las observaciones. Esto parece indicar de nuevo una carga de trabajo relativamente alta relacionada con el seguimiento y la implementación de las observaciones de auditoría y podría contribuir, entre otros factores, a explicar los bajos niveles de implementación. El Cuadro 2.3 pone de manifiesto que los 20 servicios municipales y los 20 servicios no municipales que presentan el mayor número de observaciones son responsables, respectivamente, del 9,9% y el 8,3% del número de observaciones no atendidas. En otras palabras, alrededor del 2% de los servicios (40 de 1931) son responsables por sí solos del 18,2% de las observaciones no atendidas.

## Cuadro 2.3. Proporción de observaciones no atendidas por los servicios más saturados

| Proporción de los 20 servicios municipales más saturados | |
| --- | --- |
| Nº de observaciones no atendidas | Proporción |
| 2 189 | 9,9% |

| Proporción de los 20 servicios no municipales más saturados | |
| --- | --- |
| Nº de observaciones no atendidas | Proporción |
| 1 817 | 8,3% |

Fuente: CGR, cálculos de la OCDE.

Según la CGR, dos factores podrían explicar la concentración de observaciones en un número reducido de servicios. En primer lugar, algunos servicios podrían estar más involucrados en la interacción directa con los ciudadanos y, por lo tanto, podrían ser más propensos a recibir quejas y denuncias por parte de los usuarios de estos servicios. Sin embargo, los datos disponibles no permiten comprobarlo. En segundo lugar y más importante, de acuerdo con la CGR, los servicios con un mayor nivel de riesgo tienen más probabilidades de ser auditados, porque los planes de auditoría se basan en el análisis de riesgos. A su vez, cuanto mayor sea el número de auditorías, mayor será el número de observaciones. De este modo, podría producirse un círculo vicioso que condujera a una "trampa de concentración" de observaciones de auditoría en determinados servicios. En efecto, dado que la CGR utiliza la falta de implementación de las medidas correctoras requeridas como indicador para clasificar los servicios y para informar los planes de auditoría, la saturación de observaciones podría generar una baja tasa de implementación, lo que a su vez hace que los servicios sean aún más susceptibles de nuevas auditorías, lo que da lugar a aún más observaciones.

Las limitaciones de capacidad y las debilidades a nivel de los servicios podrían acentuar este círculo vicioso. Los servicios con capacidades débiles también pueden ser especialmente vulnerables a los errores y a la mala gestión, e implicar mayores riesgos de fraude y corrupción. Por lo tanto, estas entidades pueden ser objeto de más auditorías y, por lo tanto, de más observaciones, lo que rebasa las limitaciones de capacidad. En concreto, las deficiencias del sistema de control interno pueden dar lugar a más observaciones. En una entrevista, un auditor interno mencionó que "se podrían haber evitado bastantes observaciones con un mejor sistema de control interno". A su vez, se informó que las entidades que cuentan con personal suficiente suelen tener mayores índices de cumplimiento de las observaciones dentro de los plazos estipulados y también son las entidades que tienen más probabilidades de impugnar los criterios utilizados y las observaciones emitidas en los informes.

Las entrevistas indican que estos resultados pueden ser especialmente relevantes para algunos municipios. De hecho, los datos muestran que los municipios son los que tienen un menor grado de implementación de las observaciones. Durante las entrevistas, se mencionó que los municipios pequeños a menudo no se han adaptado todavía a los nuevos retos de la Administración pública y que adolecen de una elevada rotación del personal y de una escasa capacidad técnica. Estas limitaciones de capacidad pueden dar lugar a errores en los procesos y en la gestión y, posteriormente, a observaciones de auditoría y a una mayor probabilidad de ser auditados de nuevo. A su vez, una alta probabilidad de ser auditado o de haber sido auditado varias veces provoca una mayor predisposición negativa hacia el control externo. Esto puede influir inconscientemente en la prioridad que los funcionarios dan a la adopción de medidas correctivas.

Las entrevistas realizadas confirman que un gran número de observaciones en algunos servicios, tanto a nivel nacional como municipal, genera saturación, especialmente en el área de control interno. Esta acumulación y la impresión de estar atrapado en un alto nivel de observaciones podría desencadenar o reforzar las reacciones adversas al proceso de auditoría y a los informes en los servicios auditados. En algunos servicios, el personal de las áreas de auditoría interna se dedicaría de tiempo completo a responder a las observaciones emitidas por la CGR y a hacer un seguimiento interno de que dichas observaciones sean atendidas por los encargados. En las entrevistas se destaca que faltan tanto el personal como los recursos destinados a responder a las observaciones para realizar un trabajo de auditoría interna que podría llevar a prevenir futuras observaciones y lograr otras mejoras.

Entre las áreas de auditoría interna existe la sensación de tener que descuidar el trabajo "propio" para llevar a cabo el trabajo creado por la CGR, a la vez que sienten que la CGR no reconoce lo suficiente los esfuerzos que realizan. Por supuesto, los servicios con muchas observaciones tienen que dedicar esfuerzos y recursos considerables a su seguimiento y a la adopción de medidas correctivas. A pesar de destinar personal y recursos exclusivamente al seguimiento y respuesta de las observaciones de la CGR, las entidades auditadas indicaron que en muchos casos no les es posible atender todas las observaciones a tiempo (véase también más abajo). En general, algunas áreas de auditoría interna expresaron durante las entrevistas que a veces se sienten solas con la carga impuesta por los informes de auditoría. Afirmaron que les gustaría recibir más apoyo y orientación continuos por parte de la CGR; también fuera del Programa de Apoyo al Cumplimiento (PAC).

*Los malentendidos y las fallas de comunicación pueden llevar a incluir observaciones en los informes de auditoría que podrían haberse evitado*

La comunicación puede afectar a la cantidad de observaciones. En las entrevistas se señaló que una mala comunicación por parte de los auditores durante la auditoría o la falta de claridad en lo que el auditor espera de los encargados a veces da lugar a malentendidos. Por ejemplo, el funcionario puede proporcionar información o respuestas que no son las esperadas por el auditor. Esto, a su vez, puede dar lugar a observaciones que podrían haberse evitado con una mejor comunicación en el momento.

Además, esta falta de comunicación y retroalimentación percibida por los auditados durante o justo después del proceso de auditoría puede traer consigo efectos adicionales no deseados. Por ejemplo, al recibir el informe previo, en el que los auditados "descubren" los hallazgos de la auditoría por primera vez, los encargados expresan que se han sentido frustrados al leer observaciones que, según ellos, podrían haberse abordado fácilmente durante la auditoría si la comunicación con los auditores hubiera sido más abierta y fluida. Asimismo, confirmando la preocupación expresada por los funcionarios, los directores de control interno y los auditores internos informaron que se genera un estrés innecesario, porque algunas observaciones se basan en cuestiones que podrían haberse resuelto antes de su emisión, de habérseles consultado.

Esta situación genera frustración, agravada por el hecho de que la interacción entre las áreas de auditoría interna y la CGR tiene lugar principalmente después de que la CGR haya emitido el informe de auditoría. Esto crea una sensación de impotencia. Los auditores dedican tiempo y esfuerzo a abordar observaciones que podrían haberse evitado o sobre las que existe un desacuerdo que podría haberse planteado y aclarado antes. En general, las entrevistas indican que las áreas de auditoría interna no participan ni son consultadas de forma suficiente y proactiva durante el proceso de auditoría.

*Las normas informales de la CGR impulsan el comportamiento de los auditores para incluir más observaciones y ser estrictos en su mantenimiento*

Los auditores en Chile, como en cualquier otro lugar, se rigen por las leyes y reglamentos pertinentes, así como por las normas y valores profesionales. Sin embargo, como seres humanos, su comportamiento también está influenciado por normas sociales que no siempre son acordes con las reglas formales. En las entrevistas realizadas tanto a los auditados como a la CGR se constató que existe en cierta medida una cultura interna en la CGR que presiona a los auditores para que incluyan un gran número de observaciones en los informes. Según se afirma, un "buen" auditor es un auditor capaz de detectar muchos problemas y, por tanto, hacer una cierta cantidad de observaciones.

Esto, a su vez, contribuye no solo a la cantidad de observaciones, sino que también afecta potencialmente a su calidad, ya que no todas las observaciones pueden ser de relevancia. Además, en ocasiones, los auditores también se muestran reacios a "abandonar" las observaciones ante la nueva información presentada por las entidades auditadas, ya que esto podría considerarse "débil" o no objetivo. En general, esto puede causar malestar en los auditados y dificultar que se enfoquen en lo que realmente importa y es urgente.

El fenómeno parece estar totalmente relacionado con las normas sociales que conforman la cultura organizacional. Es importante destacar que no existe ningún requisito formal en la CGR que establezca incentivos para este tipo de comportamiento por parte de los auditores. Un colaborador entrevistado mencionó que podría tratarse de un aspecto generacional, ya que es más probable que los auditores más veteranos hayan estado expuestos a un enfoque más "severo" de la auditoría. Los auditores más jóvenes que se incorporan a la CGR pueden ser conscientes de un enfoque de la auditoría más moderno y orientado al cliente, pero es probable que se adapten al comportamiento que esperan de ellos los auditores más veteranos y a lo que observan entre sus colegas.

### La percepción de injusticia por parte de las entidades auditadas y las deficiencias en la comunicación entre los auditores y las entidades auditadas pueden mermar la voluntad de abordar los resultados de la auditoría

*Se percibe que los criterios de auditoría se aplican de forma desigual en la Administración pública, lo que puede generar una sensación de trato injusto*

La percepción de injusticia en la aplicación de los criterios de auditoría puede generar reacciones desafiantes de las entidades auditadas hacia los informes de auditoría, así como dificultar la asimilación de los resultados de la auditoría y, por tanto, su voluntad de adoptar medidas correctivas. Las entrevistas realizadas en Chile mostraron que los funcionarios públicos que han trabajado en diferentes servicios y, por tanto, tienen una cierta perspectiva comparativa, perciben o creen haber experimentado que los criterios de auditoría no son los mismos en todas partes y que los procesos de auditoría no están suficientemente normalizados. Si bien es cierto que la CGR ha realizado importantes esfuerzos para homogeneizar los criterios de fiscalización, también lo es que el contexto varía y que cada proceso de fiscalización es diferente, lo que a su vez puede dar lugar a la percepción de un trato desigual.

Por ejemplo, según las entrevistas realizadas por la OCDE, las auditorías transversales de los mismos servicios en las distintas regiones habrían dado lugar a diferentes conclusiones y, por lo tanto, a distintas observaciones, lo que podría dar lugar a la percepción de un uso desigual de los criterios de auditoría. Además, según se informa, en algunos casos, los auditores escriben observaciones relativas a una cuestión que no se ha planteado en otro lugar en un proceso por lo demás idéntico. Esta percepción de auditorías "injustas" puede contribuir a crear una sensación general de trato desigual por parte de la CGR y desencadenar reacciones contraproducentes por parte de los auditados, proporcionando justificaciones para desestimar observaciones realmente bien fundadas.

*La incertidumbre con respecto a la publicación del informe de auditoría y la percepción de plazos ajustados e inflexibles impuestos por la CGR crean estrés y frustración*

Las entidades auditadas mencionaron varias veces durante las entrevistas que los plazos eran ajustados e inflexibles. Las observaciones se referían tanto a los plazos de las solicitudes durante la fiscalización como a los plazos relacionados con el manejo de las observaciones emitidas en los informes. En primer lugar, los encargados y los auditores internos señalaron que la brevedad de los plazos para responder a las solicitudes de los auditores de la CGR durante las actividades de auditoría *in situ* en ocasiones puede dar lugar a respuestas insatisfactorias debido a la presión del tiempo. De nuevo, de forma similar y debido a la falta de comunicación y retroalimentación ya mencionada anteriormente, los gestores públicos informaron que la presión del tiempo a veces propiciaba observaciones que podrían haberse evitado. Los funcionarios y el personal de auditoría interna señalaron que descubrir esto al recibir el informe previo creaba cierto nivel de frustración.

En segundo lugar, las entidades auditadas expresaron que los plazos pueden ser demasiado cortos para responder con la debida atención a algunas observaciones o que incluso puede ser imposible cumplir con algunos plazos. Es importante señalar que los plazos para la adopción de medidas correctivas nunca superan los 60 días hábiles, lo que puede ser tiempo más que suficiente para atender muchas observaciones, pero en realidad no es suficiente para atender otras. Especialmente los funcionarios perciben que los plazos para atender las observaciones no son realistas o no se adaptan a la realidad de la Administración pública. Informaron de que los plazos no tienen en cuenta la naturaleza de la actividad relacionada con las observaciones ni las capacidades disponibles para atenderlas. Por ejemplo, mencionaron que algunos procesos relacionados con los contratos de construcción o los procedimientos disciplinarios pueden llevar de hecho más tiempo que los plazos impuestos por la CGR. Además, responder a las observaciones de la auditoría puede requerir a veces una gran coordinación interna o solicitudes internas de asesoramiento o conceptos del departamento jurídico. Tanto la coordinación interna como las solicitudes legales internas pueden llevar tiempo. Además, las entrevistas con los funcionarios pusieron de manifiesto que muchos procesos de gestión son dinámicos y cambian a lo largo del proceso de seguimiento, por lo que los plazos no son alcanzables o requieren una gran inversión de tiempo y recursos.

Estos plazos que se aplican de manera uniforme y no son flexibles para adaptarse a los casos y circunstancias específicas, junto con la presión de tiempo que conllevan los plazos que no se pueden cumplir, son un factor que afecta negativamente a la calidad del seguimiento por parte de los auditados. Esto, a su vez, puede generar nuevas solicitudes por parte de la CGR, creando más presión. Como se mencionó anteriormente, los encargados y las áreas de auditoría interna se enfrentan a situaciones de sesgo de atención y fatiga de decisión debido a la cantidad de trabajo y a las responsabilidades que conlleva el proceso de seguimiento de las observaciones de auditoría. Junto con los plazos, el trabajo puede crear estrés, especialmente si el cumplimiento del plazo es imposible y puede provocar que se deje de hacer el trabajo "normal", ya que hay que dedicar una parte importante de los recursos a responder a la CGR.

La frustración relacionada con los plazos para la adopción de medidas correctivas se ve agravada por el hecho de que el lapso de tiempo entre las actividades de auditoría *in situ* y la recepción del informe de auditoría puede ser largo (a menudo más de un año) y puede variar significativamente, lo que hace prácticamente imposible predecir cuándo llegará el informe. Además, los auditados perciben que la CGR no anuncia el informe de auditoría (o el informe previo, en realidad) con suficiente antelación. De hecho, los gestores públicos y el personal de auditoría interna destacaron esta incertidumbre, ya que crea dificultades para planificar el seguimiento y genera estrés. Los funcionarios informaron que esta incertidumbre no les permite planificar su tiempo adecuadamente, con el resultado de que el informe de auditoría a veces coincide -y entra en conflicto- con actividades ya planificadas.

*La forma en que se redactan los informes de auditoría y la relación entre el auditor y el auditado pueden alimentar una actitud negativa de los auditados hacia la CGR y sus observaciones*

Los malentendidos y las deficiencias en la comunicación pueden contribuir no solo a la cantidad de las observaciones, como se ha mencionado anteriormente, sino también a su asimiliación. Las entrevistas indicaron que, especialmente los jefes de los servicios auditados y los funcionarios, a veces no comprenden las normas y los criterios utilizados en las auditorías o no son capaces de discernir y evaluar correctamente la pertinencia de las observaciones. El lenguaje técnico y jurídico de los informes de auditoría, reforzado por la actual norma social en la CGR descrita anteriormente, puede agudizar esta situación, haciéndola en ocasiones difícil de entender para quienes no son auditores o abogados. Además, la naturaleza de los informes de cumplimiento puede implicar que la CGR no dedique suficiente espacio a dar crédito a las entidades auditadas por los avances y las medidas positivas adoptadas. De hecho, en la mayoría de los casos no existe una perspectiva positiva de este tipo.

Desde el punto de vista conductual, ambos aspectos podrían generar fatiga y una actitud negativa hacia los informes de auditoría. Si la primera impresión de un informe es negativa, es probable que todo lo que se asocie a él se perciba también negativamente. En particular, puede enmarcar de forma negativa la actitud hacia las observaciones contenidas en el informe de auditoría, haciendo menos probable que los auditados las traten con el debido cuidado.

A un nivel más difuso, se informó que la CGR a menudo sigue generando miedo entre los gestores públicos y, en consecuencia, a veces aversión contra los procesos de auditoría. Aunque la mayoría de las entidades auditadas entrevistadas coincidieron en que la CGR ha mejorado y en que se están haciendo esfuerzos para mostrarse menos distante y severa, la CGR parece seguir teniendo dificultades para que se la perciba como un socio o como un apoyo a la dirección. Una vez más, las normas sociales descritas anteriormente podrían socavar los esfuerzos de la CGR por mejorar la relación entre auditores y auditados. Aunque los auditores, por supuesto, tienen que mantener su independencia y permanecer al margen de las entidades auditadas, la actitud rigurosa *de facto* contribuye, al parecer, a que se asocie negativamente con las auditorías y, en consecuencia, con los informes de auditoría y las observaciones.

### *Los jefes de servicio y los funcionarios auditados muestran un bajo nivel de interés, apropiación y motivación con respecto a los resultados de la auditoría*

En algunas entrevistas se señaló que los jefes de servicio y los gestores públicos de las áreas auditadas no suelen mostrar un fuerte nivel de compromiso, apropiación y motivación en cuanto al proceso de auditoría y sus resultados.

En parte, esto podría explicarse ciertamente por el hecho de que el incumplimiento de las observaciones de las auditorías rara vez da lugar a sanciones en Chile. En la mayoría de los casos, las unidades de seguimiento de la CGR se limitan a asignar un nuevo plazo al auditado para que subsane las observaciones en cuestión. Solo cuando las observaciones de la auditoría son de gran visibilidad pública, cuando están implicados altos directivos o cuando se ha producido un daño al patrimonio público, el incumplimiento podría dar lugar a procedimientos disciplinarios. Sin embargo, en Chile, este tipo de sanciones son más bien excepcionales y aunque se apliquen, los funcionarios públicos las perciben como bastante débiles. Por un lado, el proceso suele ser largo. Por otro lado, la CGR solo puede proponer la sanción, que debe ser ratificada y aplicada por la entidad pública, donde la sanción suele ser rebajada o desestimada por completo. En consecuencia, las entrevistas indicaron que el incumplimiento conlleva pocas consecuencias y, por tanto, pocos riesgos para los funcionarios responsables.

Sin embargo, más allá de la falta de presión percibida, las entrevistas revelaron otros aspectos que contribuyen a explicar el bajo nivel de interés, apropiación o motivación de los auditados con respecto a los informes de auditoría.

Por un lado, al más alto nivel, los jefes de servicio tienen que establecer prioridades y no pueden participar en todos los detalles operativos de la gestión. Aunque los jefes de servicio son formalmente responsables de las medidas correctivas, muchas observaciones son posiblemente demasiado técnicas para que les interesen o se perciben como no relevantes desde una perspectiva estratégica. En las entrevistas se destacó que los jefes de servicio suelen interesarse por los informes de auditoría si estos son políticamente relevantes o si parecen indicar prácticas corruptas en su entidad que podrían afectar a su reputación, a la reputación de la entidad o podrían dar lugar a posibles sanciones. No obstante, incluso si es razonable que su interés se centre en cuestiones estratégicas o de alto nivel, la falta de liderazgo con respecto a los informes de auditoría podría indicar dentro de la entidad que son de baja prioridad. Las entrevistas también indicaron que cuando existe una relación fluida y de confianza entre los jefes de servicio y los auditores internos, el proceso de seguimiento del informe de auditoría de la CGR resulta más fácil. Entonces, los funcionarios de la entidad ven que la auditoría, ya sea interna o externa, se toma en serio al más alto nivel.

Por otra parte, a nivel de los funcionarios que están directamente involucrados o tienen la responsabilidad directa sobre los procesos auditados, se destacaron aspectos similares durante las entrevistas. En primer lugar, los gestores públicos también perciben muchas observaciones como demasiado legalistas o demasiado técnicas. Además, es posible que no estén al tanto de los beneficios -para ellos- que se derivan de la adopción de medidas correctivas.

En segundo lugar, las entrevistas pusieron de relieve que la elevada rotación del personal puede afectar al seguimiento de los informes de auditoría por parte de los encargados. Aunque es más grave en el ámbito municipal, esto también se observa en el ámbito central y se ve acentuado por el hecho de que muchos empleados públicos son contratados por un año, con posible prórroga (régimen de "contrata"), o contratados para servicios específicos que en teoría no deberían permanecer en el tiempo (régimen de "honorarios") (Dirección de Presupuestos, 2020[5]). En una entrevista, se mencionó que estos cambios de personal implican muchas veces que el funcionario que recibe las observaciones de la auditoría no es el mismo que fue auditado. El intervalo de tiempo, a menudo extenso, entre la auditoría y la emisión del informe de auditoría ya mencionado anteriormente agrava este problema.

Esto conlleva dos retos. Por un lado, es posible que los nuevos directivos no se sientan implicados y no perciban como propias las observaciones del informe. Consideran que la observación se dirige al anterior funcionario responsable y, por lo tanto, ofrece un margen para racionalizar la falta de acción diciendo que no estaba bajo su responsabilidad. Por otro lado, y de forma más práctica, esta situación a veces crea problemas en la capacidad de abordar eficazmente las observaciones, ya que la memoria institucional se ha perdido con el directivo que dejó el cargo y que el obtener la información que puede remontarse a varios años atrás puede resultar difícil y requerir mucho tiempo. Más allá de la rotación del personal, este problema también está relacionado con las deficiencias de la gestión interna de la información y los archivos de los servicios.

En tercer lugar, como se ha mencionado anteriormente, la interacción de los funcionarios con los equipos de auditoría de la CGR suele ser bastante limitada. El personal de auditoría interna también reflejó durante las entrevistas que es posible que no se involucre a los gestores públicos lo suficiente y de forma proactiva. Por ello, es posible que las auditorías de la CGR no sean relevantes para los encargados y compitan con otras prioridades y retos en su trabajo diario.

# Referencias

Dirección de Presupuestos (2020), *Anuario Estadístico del Empleo Público en el Gobierno Central 2011-2019*. [5]

OCDE (2021), *El Control Preventivo y Concomitante de la Entidad Fiscalizadora Superior de Colombia: Estrategias Modernas para Nuevos Desafíos*, Estudios de la OCDE sobre Gobernanza Pública, OECD Publishing, Paris, https://doi.org/10.1787/142aee1f-es. [3]

OCDE (2020), *Working Party of Senior Budget Officials Chile: Review of DIPRES Programme Evaluation System JT03460195 OFDE*, OECD, Paris. [1]

OCDE (2016), *Avances en la Entidad Fiscalizadora Superior de Chile: Reformas, Alcance e Impacto*, Estudios de la OCDE sobre Gobernanza Pública, OECD Publishing, Paris, https://doi.org/10.1787/9789264250642-es. [4]

OCDE (2014), *Chile's Supreme Audit Institution: Enhancing Strategic Agility and Public Trust*, OECD Public Governance Reviews, OECD Publishing, Paris, https://doi.org/10.1787/9789264207561-en. [2]

# 3 Estrategias conductuales para reforzar la implementación de las observaciones de auditoría en Chile

El enfoque conductual puede inspirar varias medidas para aumentar la probabilidad de que los informes de auditoría emitidos por la CGR sean tomados en cuenta por los auditados. Este capítulo ofrece recomendaciones concretas a la EFS chilena sobre las medidas que podrían incluirse durante la etapa de auditoría, las medidas que podrían mejorar los informes de auditoría y las medidas para motivar o crear una presión social o de pares durante el proceso de seguimiento. Una perspectiva estratégica que combine varias medidas es la que más probabilidades tiene de generar impacto y de contribuir significativamente a mejorar la relevancia de las auditorías de la CGR.

## Introducción

El análisis realizado mostró que los sesgos y barreras de comportamiento son significativos para entender por qué los funcionarios públicos de los servicios auditados en Chile podrían no atender las observaciones de auditoría emitidas por la Contraloría General de la República (CGR). La Figura 3.1 ofrece un resumen de los aspectos conductuales más importantes presentados y analizados en el capítulo 2. El enfoque conductual aplicado a lo largo del proceso de auditoría podría contribuir de manera significativa a mejorar la asimiliación de los informes de auditoría y, por tanto, el impacto de la CGR.

**Figura 3.1. Resumen de los principales retos para la adopción de los informes de auditoría en Chile**

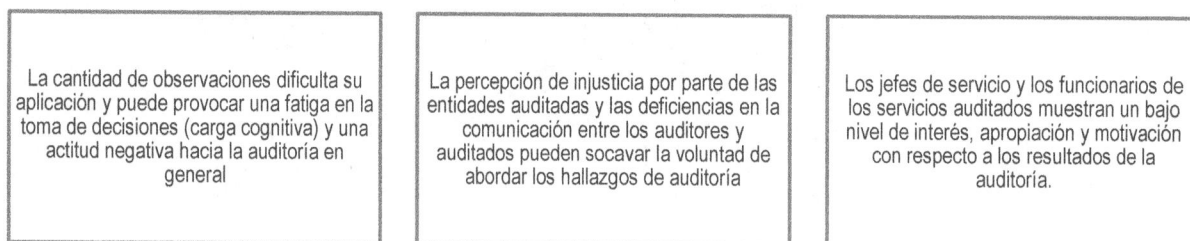

| | | |
|---|---|---|
| La cantidad de observaciones dificulta su aplicación y puede provocar una fatiga en la toma de decisiones (carga cognitiva) y una actitud negativa hacia la auditoría en general | La percepción de injusticia por parte de las entidades auditadas y las deficiencias en la comunicación entre los auditores y auditados pueden socavar la voluntad de abordar los hallazgos de auditoría | Los jefes de servicio y los funcionarios de los servicios auditados muestran un bajo nivel de interés, apropiación y motivación con respecto a los resultados de la auditoría. |

De hecho, como se ha mencionado anteriormente, la consideración de las dimensiones del comportamiento en los procesos de auditoría no es nueva (Kida, 1984[1]; Kinney and Uecker, 1982[2]; Kassin, Dror and Kukucka, 2013[3]). Existen varias directrices y normas que se refieren de forma más o menos explícita a las dimensiones conductuales. Por ejemplo, el Cuadro 3.1 muestra las buenas prácticas que pueden influir en el impacto de las EFS informadas por EUROSAI; contienen varias recomendaciones de interés que pueden inspirar intervenciones para promover el cambio conductual. La INTOSAI también proporciona orientación a las EFS para mejorar el uso y el impacto de los informes de auditoría y hace hincapié en los siguientes aspectos, todos ellos relevantes desde el punto de vista del comportamiento (INTOSAI, 2010[4]):

- *Saliencia:* al seleccionar las auditorías, asegurarse de que los temas son útiles y consultar a las partes interesadas antes de iniciar una auditoría.

- *Garantía de calidad y claridad:* incorporar la calidad en todo el proceso de auditoría, de acuerdo con las normas de las ISSAI, así como garantizar que los auditados sepan lo que pueden esperar. Los informes de auditoría deben redactarse utilizando un lenguaje sencillo y estructuras de frases cortas, e incluir un resumen ejecutivo para destacar las principales conclusiones.

- *Comunicación:* informar de los resultados de las auditorías de forma clara y eficaz e invitar a los auditados y a las partes interesadas a dar retroalimentación sobre los informes de auditoría.

- *Seguimiento:* averiguar si ha habido avances mediante el seguimiento y la supervisión sistemáticos de la implementación de las recomendaciones y, en caso necesario, iniciar auditorías de seguimiento cuando no se hayan logrado avances.

## Cuadro 3.1. Buenas prácticas y factores correspondientes que influyen en el impacto de las EFS

En el contexto de la mejora en la implementación de las recomendaciones de auditoría para lograr el impacto, un informe reciente de EUROSAI define una buena práctica como un procedimiento (legal o de otro tipo), método u otra práctica que puede contribuir a la implementación adecuada y oportuna de las recomendaciones de auditoría emitidas por la EFS. Así, EUROSAI reformula los factores que influyen en el impacto como una lista cronológica de buenas prácticas a lo largo del proceso de fiscalización (Cuadro 3.1).

### Cuadro 3.1. Buenas prácticas y factores correspondientes que influyen en el impacto

| Factores que influyen en el impacto de las EFS | Buena práctica |
|---|---|
| Calidad del informe de auditoría | • Redactar recomendaciones pertinentes, operativas y específicas.<br>• Clasificar las recomendaciones por orden de importancia. |
| Relación constructiva entre el auditor y el auditado | • Buscar la asimiliación de las recomendaciones por parte del auditado, aumentando así la base de respaldo.<br>• Implicar a la entidad auditada o al gobierno en el seguimiento de la implementación de las recomendaciones.<br>• Pedir al auditado un plan de acción que especifique las medidas para aplicar las recomendaciones, incluyendo los plazos.<br>• Comprobar la idoneidad del plan de acción.<br>• A falta de un plan de acción, establecer plazos claros y realistas para la implementación de las recomendaciones, si ello es posible de acuerdo con la entidad auditada. |
| Existencia de un sistema de seguimiento | • Fijar plazos claros y realistas para la implementación de las recomendaciones.<br>• Prever un sistema eficaz de control y seguimiento de las recomendaciones que compruebe la implementación oportuna.<br>• Repetir este seguimiento, o incluso considerar una auditoría de seguimiento, en caso de que no haya una implementación adecuada o no haya suficiente información sobre la implementación. |
| Participación parlamentaria | • Involucrar al Parlamento en el seguimiento de la implementación de las recomendaciones. |
| Utilización de los resultados del seguimiento para el sistema de control del desempeño y la evaluación de riesgos | • Utilizar los resultados del sistema de seguimiento para la evaluación de riesgos o un sistema de control del desempeño. |

Fuente: (EUROSAI, 2021[5]).

Para aclarar dónde podría introducir la CGR medidas inspiradas en el enfoque conductual, la Figura 3.2 simplifica el proceso de seguimiento descrito en el capítulo 2. La Figura muestra los actores cuyos comportamientos podrían ser objeto de atención para generar el impacto deseado y subraya el valor agregado de considerar todo el proceso desde una perspectiva conductual.

Figura 3.2. Puntos de entrada para posibles intervenciones conductuales con el fin de mejorar la implementación de las observaciones de auditorías en Chile

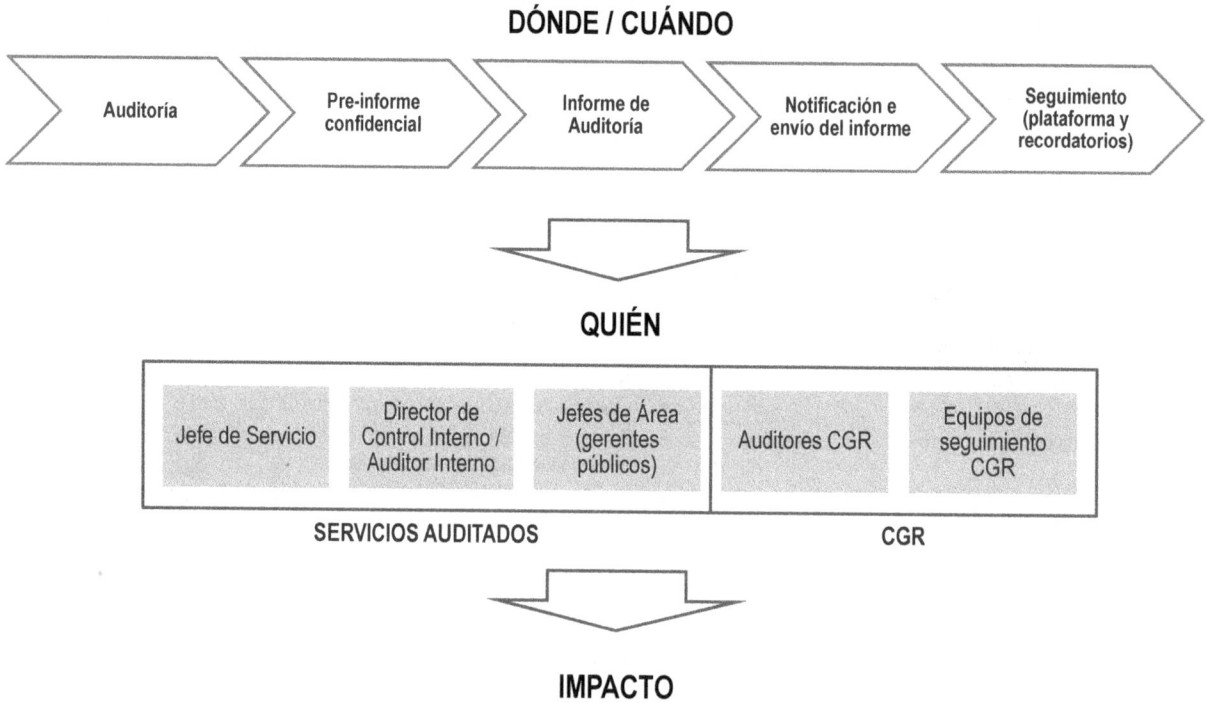

## DÓNDE / CUÁNDO

Auditoría → Pre-informe confidencial → Informe de Auditoría → Notificación e envío del informe → Seguimiento (plataforma y recordatorios)

## QUIÉN

| Jefe de Servicio | Director de Control Interno / Auditor Interno | Jefes de Área (gerentes públicos) | Auditores CGR | Equipos de seguimiento CGR |

SERVICIOS AUDITADOS                    CGR

## IMPACTO

Acotar las intervenciones conductuales destinadas a impulsar un comportamiento de uno de los actores en una etapa específica del proceso de auditoría, como se muestra en la Figura 3.2 podría lograr el cambio de este comportamiento objetivo, pero podría fracasar al no generar un impacto a nivel de la asimilación de las recomendaciones de la auditoría. Este impacto suele depender de varios comportamientos de diversos actores.

La Figura 3.3 proporciona una visión general simplificada de los fundamentos subyacentes. Supongamos que hay varias conductas relevantes (B) a lo largo de un proceso de auditoría que son importantes para explicar su impacto. Un análisis conductual puede haber identificado una conducta en particular, por ejemplo, $B_5$, y haber logrado un cambio conductual, por ejemplo, a través de un incentivo. Sin embargo, este cambio por sí solo puede no ser suficiente para incidir en el objetivo general de mejorar el impacto de la auditoría si las otras conductas relevantes, o al menos varios de ellas, no se abordan también. Por lo tanto, es probable que el impacto sea más fuerte y sostenible si la CGR implementa varios ajustes a lo largo de sus procesos de auditoría.

**Figura 3.3. Para generar un impacto, suelen ser necesarios cambios conductuales a diferentes niveles**

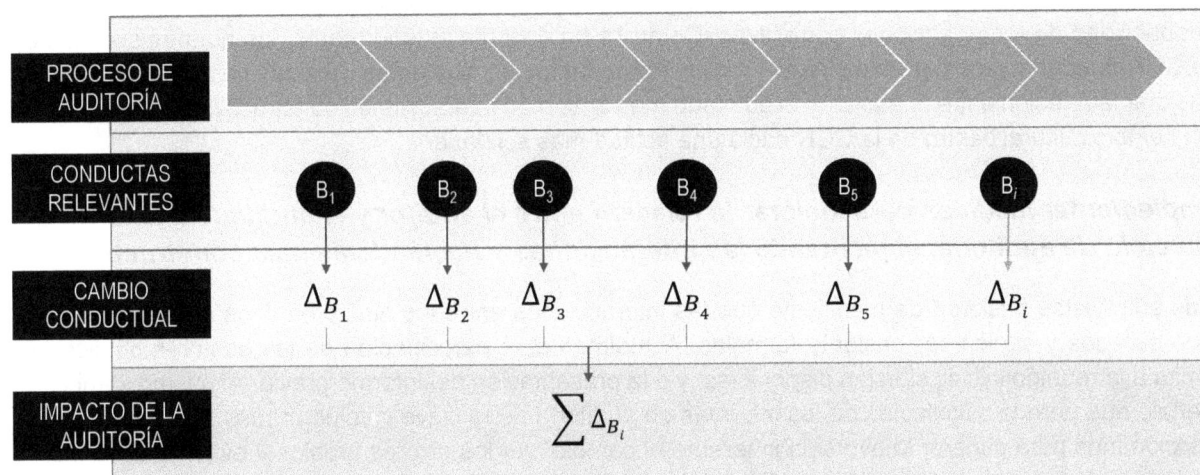

Esta idea de aplicar medidas complementarias destinadas a introducir cambios en diferentes etapas del proceso de auditoría, como también subraya EUROSAI en el cuadro anterior (EUROSAI, 2021[5]), se refleja en las secciones siguientes. El análisis identificó seis estrategias inspiradas en el comportamiento que podrían ayudar a promover el cambio y, en última instancia, a tener un impacto en la asimiliación de los informes de auditoría de la CGR. En función de las prioridades, los recursos y las oportunidades, la CGR podría considerar la posibilidad de combinar varias de las medidas propuestas en estas estrategias.

Las seis estrategias, que se presentarán en las siguientes secciones, son:

- Aplicar medidas para mejorar la relación entre el auditor y el auditado a lo largo de un ciclo de auditoría, aumentando las interacciones y haciéndolas más constructivas.
- Promover un cambio cultural dentro de la CGR para lograr una actitud de mayor apoyo hacia los auditados mediante el desarrollo de las capacidades internas pertinentes, dirigiéndose a los supervisores y líderes y haciendo visibles las buenas prácticas.
- Revisar la redacción de los informes de auditoría para hacerlos más fáciles de usar, simplificándolos y ofreciendo más orientación.
- Mejorar la respuesta de los auditados probando diferentes mensajes para notificar el informe de auditoría.
- Mitigar la frustración y promover respuestas de mayor calidad permitiendo una mejor planificación, introduciendo cierta flexibilidad con los plazos y dando seguimiento a los avances.
- Crear una presión pública o de pares a través de un informe de los resultados del seguimiento.

## Conseguir un impacto a través de medidas dirigidas a los auditores de la CGR

Como se destacó en el Capítulo 2, el comportamiento de los auditores de la CGR durante la realización de una auditoría puede afectar al comportamiento de las entidades auditadas con respecto a la implementación de las observaciones de la auditoría. De hecho, como se ha mencionado anteriormente, los sesgos inconscientes de los auditores pueden llevarlos a ser excesivamente críticos y a orientar su diseño de búsqueda hacia evidencia que confirme sus creencias previas (Pennington, Schafer and Pinsker, 2017[6]).

En Chile, anécdotas de fraude y corrupción o de mala gestión podrían efectivamente inclinar a los auditores de la CGR hacia una actitud negativa que probablemente afecte tanto a la cantidad de observaciones como a una actitud constructiva y abierta por parte del receptor, reduciendo así la probabilidad de tomar acciones correctivas. Como se ha descrito anteriormente, las normas sociales en la CGR pueden exacerbar este círculo vicioso. Por lo tanto, las siguientes medidas tienen como objetivo mejorar la relación entre el auditor y el auditado mediante más interacciones constructivas y promoviendo un cambio cultural dentro de la CGR hacia una actitud más solidaria.

### *Implementar medidas para mejorar la relación entre el auditor y el auditado a lo largo de un ciclo de auditoría, aumentando las interacciones y haciéndolas más constructivas*

Las entrevistas pusieron de manifiesto que las interacciones entre los auditores y los gestores públicos son escasas y suelen ser bastante formales. Actualmente, la participación de los gestores públicos se limita a la reunión inicial, si están disponibles, y a la presentación del informe previo. Al mismo tiempo, se señaló que para la asimilación de los informes de auditoría sería clave involucrar más activamente a los funcionarios para superar la aversión inherente al cambio, ver los errores propios y evitar el desacuerdo *pro forma* con las observaciones. Además, el análisis cualitativo mostró que al menos algunas observaciones de auditoría se refieren a problemas que las entidades auditadas podrían haber solucionado *in situ* si el auditor se hubiera comunicado con la entidad auditada.

#### *Medidas potenciales*

En general, la CGR podría ganar invirtiendo en la construcción de una relación continua con los auditados más allá del contexto de las auditorías específicas. Es probable que una mejor relación entre los auditores y los auditados en general promueva una reciprocidad positiva entre los actores. En los Países Bajos, las reuniones periódicas entre la EFS y los jefes de auditoría interna reunidos permiten, por ejemplo, discutir los planes de auditoría y el análisis de riesgos. La EFS de Bélgica celebra reuniones informales al principio y al final del proceso de auditoría.

Por lo tanto, Chile podría considerar el establecimiento de prácticas similares para generar mejores interacciones entre los auditores y los auditados antes, durante y después del proceso de auditoría *in situ*.

- **Mejorar la interacción "antes" de la auditoría.** Es probable que la participación de las entidades auditadas antes de la auditoría para explicar su razón de ser aumente tanto la disposición a cooperar como la motivación de las entidades auditadas. La CGR podría revisar la dinámica de la actual reunión inicial para permitir un enfoque más constructivo y abordar los posibles sentimientos de trato injusto. La reunión inicial ofrece la oportunidad de explicar las normas subyacentes y la justificación de la auditoría, así como de aclarar los criterios de auditoría y la metodología basada en el riesgo utilizada para determinar la planificación anual de la auditoría de la CGR (Recuadro 3.2). Las entidades auditadas que tienen la sensación de ser auditadas con demasiada frecuencia podrían ver el valor estratégico de la próxima auditoría como una oportunidad para invertir esta tendencia y reducir su nivel de riesgo abordando las observaciones de la auditoría. Un entorno positivo durante la reunión podría contribuir a lograr el delicado equilibrio entre el mantenimiento de la independencia y el fomento de la empatía mutua.

---

**Recuadro 3.2. Informar al auditado de lo que puede esperar durante la ejecución de una auditoría**

Las entidades auditadas pueden participar durante la ejecución de una auditoría estableciendo protocolos de comunicación entre la EFS y la entidad auditada que identifiquen lo siguiente:

- Las responsabilidades de la EFS y de la entidad auditada
- Orientación sobre las etapas clave del proceso de auditoría
- Qué documentos serán compartidos entre la EFS y la entidad auditada
- Cómo la EFS informará a la entidad auditada sobre las próximas auditorías
- Información sobre el plan de auditoría, el calendario, la metodología de auditoría
- Tipo de información y acceso que debe proporcionar el auditado
- Cómo y cuándo se compartirán los resultados emergentes
- Cuándo recibirá el auditado una copia del proyecto de informe

Fuente: https://www.idi.no/elibrary/well-governed-sais/sais-engaging-with-stakeholders/697-idi-sais-engaging-with-stakeholders-guide/file

---

- **Aumentar la interacción "durante" el proceso de auditoría *in situ*:** El impacto potencial en el comportamiento al aumentar la reciprocidad entre los actores podría maximizarse introduciendo pasos de retroalimentación e interacción a lo largo del proceso de auditoría (lógica de "ojo por ojo"). Por ejemplo, comprometer a las entidades auditadas al principio será más eficaz si saben que pueden obtener reciprocidad más adelante en el proceso durante las reuniones de seguimiento. Por ejemplo, la CGR podría elaborar un protocolo para los auditores en el que se les orientara sobre cómo crear más espacios de interacción con los auditados en la práctica antes de redactar el informe. Los auditores podrían presentar los resultados preliminares de la auditoría a los directivos para que den su opinión y así establecer una relación constructiva. La CGR ya cuenta con buenas prácticas internas en las cuales basarse (Recuadro 3.3) y actualmente están considerando exigir como mínimo dos reuniones entre los auditores y los auditados durante una auditoría. Además, la CGR ya ha dado instrucciones a los auditores para que permitan a los auditados corregir directamente, si es posible, las observaciones menores. Este enfoque podría apoyarse aún más brindando orientación a los auditores sobre cómo dar apoyo *ad hoc* a las entidades auditadas en la práctica. Hacer que este comportamiento de apoyo por parte de los auditores sea más apreciado dentro de la CGR y quizás establecer incentivos para ello, también contribuye a cambiar la cultura de "cuantas más observaciones, mejor" y a adoptar una actitud más solidaria hacia las entidades auditadas (véase la siguiente sección).

---

**Recuadro 3.3. Auditoría de los ODS en Chile: buenas prácticas de comunicación con los auditados**

La CGR en Chile reconoce el valor de una mejor comunicación durante el proceso de auditoría para lograr mejoras en los procesos de los servicios auditados, que debe ser el objetivo primordial de toda auditoría.

Mientras que las auditorías de las entidades nacionales ofrecen una única oportunidad para que los auditados den su opinión durante la etapa previa al informe, el equipo de auditores de las Naciones Unidas de la CGR sigue una metodología diferente. Antes de la publicación del informe final de auditoría, se entregan varios memorandos (memorándum de observaciones de auditoría, MOA) a las entidades auditadas informándoles de las observaciones preliminares, lo que les permite responder y aclarar lo observado. Posteriormente, todos los MOA se consolidan en un documento denominado "carta de gestión", que refleja los hallazgos, el respectivo análisis de la respuesta de los auditados a los MOA, la conclusión del equipo de auditoría a los hechos observados, las recomendaciones y la posición del cliente respecto a estas recomendaciones, indicando si el auditado acepta o rechaza las recomendaciones sugeridas. El documento incluye un anexo con el estado de implementación de las recomendaciones pendientes.

Fuente: información proporcionada por la CGR de Chile.

---

- **Mejorar la interacción "después" del proceso de auditoría *in situ*.** La CGR podría discutir los resultados preliminares con las entidades auditadas durante una reunión de conclusión. El debate podría centrarse en despejar dudas y en obtener información sobre la viabilidad de las medidas correctivas de las entidades auditadas. Para el diseño de este tipo de reuniones, las experiencias de Brasil y Bélgica podrían ser especialmente interesantes (Recuadro 3.4).

  - La reunión de conclusión podría celebrarse antes de emitir el informe final. Los cambios acordados durante esta reunión de salida podrían incluirse en el informe final de la auditoría. Es probable que el hecho de poder influir en el informe final tenga un efecto positivo en la apropiación del informe por parte de los auditados. Un reciente informe de EUROSAI constata que algunas EFS de Europa piden a los auditados que indiquen explícitamente si están de acuerdo, parcialmente de acuerdo o en desacuerdo con cada recomendación. Estas EFS tienen entonces que revisar las recomendaciones rechazadas en un nivel administrativo superior. Algunas EFS con un modelo jurisdiccional, principalmente en el ámbito de las auditorías de cumplimiento, incluso negocian las recomendaciones con el auditado para evitar recomendaciones no viables o no realistas. En caso de no estar de acuerdo, los auditados pueden formular una queja contra el informe de auditoría (EUROSAI, 2021[5]).

  - Otra alternativa, y más relevante en el contexto chileno, es que la CGR considere una reunión entre la CGR y el servicio auditado después de emitir el informe final de auditoría, pero antes de iniciar el proceso de seguimiento. El objetivo de la reunión sería explicar las observaciones, aclarar las dudas y recomendar ciertas líneas de actuación que la dirección podría tomar para abordarlas. El capítulo 4 ofrece una teoría del cambio más detallada para esta medida y pautas para la puesta en marcha de un posible programa piloto.

---

**Recuadro 3.4. Reuniones de conclusión de la auditoría en Brasil y Bélgica**

La Oficina de la Contraloría General de la Unión (*Controladoria-Geral da União*, CGU), responsable de las auditorías internas en Brasil, lleva a cabo una reunión con los auditados para discutir los hallazgos y encontrar juntos posibles soluciones ("*reunião de busca conjunta de soluções*"). Los auditores de la CGU presentan los hallazgos y deciden junto con los auditados si estas observaciones pueden ser abordadas directamente y, si es el caso, las observaciones pueden ser eliminadas del informe de auditoría.

En Bélgica, la EFS (*Rekenhof*) ha establecido reuniones informales de conclusión después del proceso de auditoría y antes de redactar el informe, en las que el auditor presenta las recomendaciones que se incluirán en dicho informe. Según la información proporcionada por la EFS belga, estas reuniones informales de conclusión parecen mejorar la asimiliación de los informes por parte de los auditados.

Fuente: OCDE, basado en la información proporcionada por la CGU y el Rekenhof belga.

---

### *Promover un cambio cultural dentro de la CGR hacia actitudes más solidarias con los auditados*

Como se describe en el capítulo 2, las normas sociales que conforman la cultura organizacional de la CGR afectan a las interacciones entre los auditores y los auditados. La norma informal según la cual un buen auditor genera muchos hallazgos y observaciones parece seguir dominando en la CGR e influye en los comportamientos de los auditores. Esta norma también menoscaba la idea de permitir que las entidades auditadas aborden algunas cuestiones directamente sobre la marcha, puesto que estas ya no quedarán reflejadas en el informe de auditoría. En general, la norma tiende a favorecer una visión crítica y negativa con respecto a las entidades auditadas. Induce a los auditores a comportarse de forma "estricta" con las entidades auditadas, lo que conduce, de nuevo, a más observaciones o a mantenerlas a pesar de los buenos argumentos presentados por las entidades auditadas.

El cambio de las normas sociales para incidir en las culturas organizacionales es complejo, lleva tiempo y es un proceso gradual. Para lograr el cambio, la aplicación del enfoque conductual a las organizaciones consiste en influir en individuos concretos de esas organizaciones para que se incorporen los cambios en toda la organización o en intervenir directamente en las rutinas, políticas y procedimientos de la organización, como se destaca en el reciente trabajo de la OCDE sobre la cultura de la seguridad en las organizaciones (OCDE, 2020[7]). Este trabajo también ofrece una visión general de algunos fundamentos teóricos y perspectivas clave de la psicología organizacional cuando se trata de influir en el comportamiento organizacional (Recuadro 3.5).

---

### Recuadro 3.5. Fundamentos teóricos de la aplicación del enfoque conductual a las organizaciones

Cuando se estimula a una cantidad suficiente de personas para que cambien de comportamiento, estos nuevos comportamientos pueden convertirse en un hábito, pasando de las elecciones y acciones deliberadas, conocidas como procesamiento controlado, a acciones menos deliberadas, menos esforzadas y más habituales, conocidas como procesamiento automático. Ya sea de forma deliberada o con esfuerzo, por elección o por costumbre, cuando un número suficiente de individuos dentro de un grupo de trabajo o de una organización entera se comportan de una forma determinada, ese comportamiento tiene el potencial de convertirse en norma, pues las normas son reglas de comportamiento esperadas y aceptadas. Es más, como seres humanos, violar las normas tiende a incomodarnos y, por esta razón, existe una alta probabilidad de que nos conformemos con las normas de nuestro grupo de trabajo y organización. Esto es especialmente cierto en los grupos cohesionados que sienten cierta atracción por su grupo de trabajo.

Impulsar a los supervisores o a otras personas poderosas o influyentes dentro de una organización puede tener un efecto multiplicador, de manera que los comportamientos manifestados y respaldados por individuos influyentes tienen más posibilidades de ser adoptados en masa, debido a que impulsan a toda la organización en el proceso. De hecho, se cree que los líderes carismáticos y transformacionales poseen cualidades que inspiran a los seguidores a comportarse de la manera deseada en aras de un objetivo mayor. Los estímulos a este tipo de líderes pueden provocar un cambio de comportamiento a gran escala.

Por supuesto, las personas que desempeñan funciones formales de liderazgo hacia la parte más alta de la jerarquía de la organización también están en una buena posición para efectuar un cambio de comportamiento generalizado mediante la modificación de las políticas y los procedimientos de la organización. De esta manera, al interior de la entidad, pueden surtir efecto los mismos impulsos que ayudan a los responsables de la toma de decisiones de alto nivel (líderes, consejos de administración, etc.) a optimizar las decisiones políticas de la organización frente a sus propios sesgos e irracionalidades. Así, ayudar a los responsables de la toma de decisiones a ver la conexión entre las políticas, los procedimientos y el comportamiento sobre el terreno es otra forma de impulsar a organizaciones enteras.

Fuente: (OCDE, 2020[7])

---

*Medidas potenciales*

La CGR podría considerar la aplicación de medidas destinadas a desarrollar las capacidades para fortalecer un enfoque constructivo de la auditoría y trabajar para transformar la cultura organizacional a fin de promover un cambio en el comportamiento de los auditores. Esto podría lograrse, por ejemplo, a través de las siguientes medidas.

- **Mejorar el desarrollo de capacidades.** La CGR cuenta con una amplia política interna de desarrollo de capacidades y fomento del aprendizaje continuo. Las actividades de formación se centran en las competencias técnicas de auditoría, como los aspectos jurídicos o las prácticas contables, y algunas se centran en las "habilidades blandas". Para complementar estos esfuerzos, la CGR podría considerar la posibilidad de poner a prueba una formación para los auditores destinada a desarrollar habilidades relacionadas con el fortalecimiento de una "actitud de defensa", la creación de un diálogo constructivo y prepararlos para explicar la justificación de un proceso de auditoría a los auditados en términos claros y amigables.

- **Fomentar el cambio cultural.** Como complemento a los programas de formación, la CGR podría aspirar a impulsar a un número importante de funcionarios en la CGR para que el nuevo comportamiento deseado se convierta en una norma social en la institución (OCDE, 2020[7]).
  - ○ Saber cómo se comportan los demás puede ser un poderoso motor para el comportamiento propio. Por ejemplo, en el Reino Unido, el director médico envió una carta a determinados consultorios generales para notificarles que estaban recetando más antibióticos que el 80% de los consultorios de su localidad. Como resultado, se realizaron 73.406 menos recetas en 791 consultorios de intervención, en comparación con el grupo de control de 790 consultorios (Hallsworth et al., 2016[8]). Del mismo modo, los auditores podrían recibir mensajes que destaquen los comportamientos de otros auditores que estén más centrados en el apoyo.
  - ○ Impulsar a los líderes, aquellos con influencia formal o informal, es una forma de estimular a organizaciones enteras (OCDE, 2020[7]). El Contralor General, junto con los altos mandos de la CGR, podría encabezar una campaña de sensibilización interna en la que se aborde el tema de la cultura informal y sus repercusiones negativas en la obtención de impacto, a la vez que se enfatiza el potencial de una cultura organizacional que apoye el cambio en la Administración pública.
  - ○ Los supervisores y jefes de unidad de los mandos intermedios dan ejemplo con su propio comportamiento y orientan a sus equipos y les informan (OCDE, 2020[9]). Se podría sensibilizar a los mandos medios sobre los retos de comportamiento a los que se enfrentan los auditados y formarlos para que transmitan estos mensajes a sus equipos durante la práctica diaria, las evaluaciones de desempeño o, por ejemplo, en el contexto de un programa de mentores.

## Lograr el impacto a través de medidas dirigidas a la redacción y comunicación de los informes de auditoría

Los informes de auditoría son el principal vehículo oficial para dar a conocer las conclusiones y recomendaciones de la auditoría. Las EFS que se centran en la claridad y en sacar conclusiones transversales ayudarán a centrar las mentes de los líderes y funcionarios. Por ejemplo, las herramientas útiles de las EFS podrían incluir informes sectoriales, el uso sistemático de resúmenes ejecutivos, el etiquetado de palabras clave o la presentación de los resultados de una manera sistemática que permita la extracción de textos y datos (OCDE, 2016[10]). Las EFS ya son instadas a hacer que sus informes de auditoría sean accesibles y concisos (INTOSAI, 2010[11]) y a utilizar un tono más positivo. Por ejemplo, las normas revisadas de auditoría gubernamental de la Oficina de Rendición de Cuentas del Gobierno de los Estados Unidos (GAO) establecen lo siguiente:

> El informe puede reconocer los aspectos positivos del programa revisado en caso de que sean aplicables a los objetivos de la auditoría. La inclusión de los aspectos positivos del programa puede conducir a la mejora de la actuación de otros órganos de gobierno que lean el informe. Los informes de auditoría son más objetivos cuando demuestran que el trabajo ha sido realizado por personal profesional, imparcial, independiente y con conocimientos *(GAO, 2018[12])*.

Por ello, la CGR podría revisar la forma de redactar los informes de auditoría y promover una nueva norma interna que tenga en cuenta las dimensiones de comportamiento de los receptores. La comunicación de esta nueva norma contribuye a hacerla visible dentro de la organización. Actualmente, los informes de auditoría de la CGR contienen mucha información y se centran en gran medida en explicar la metodología de la auditoría. De hecho, algunos de los entrevistados sugirieron que podría existir una cultura entre los encargados de no leer los informes de auditoría. En general, la CGR podría beneficiarse de la revisión tanto del contenido como de la difusión de los informes de auditoría con el fin de generar el cambio esperado en el comportamiento de los auditados.

### Revisar la redacción de los informes de auditoría

El análisis mostró que el lenguaje del informe de auditoría, así como la cantidad (y a veces la calidad) de las observaciones, pueden desencadenar una actitud negativa hacia los resultados de la auditoría y retrasar la adopción de medidas correctoras. Los auditados afirmaron sentirse en ocasiones abrumados por las observaciones y declararon que no reciben suficiente orientación. Las medidas para mejorar la relación entre el auditor y el auditado podrían abordar parte del problema aclarando y reduciendo la cantidad de observaciones durante la etapa de auditoría.

Además, unos informes más breves, centrados en las conclusiones y con recomendaciones para abordar las observaciones en un lenguaje más sencillo y menos técnico-jurídico, podrían facilitar la comprensión, aumentar la motivación para actuar y mejorar así el impacto de los informes. Por ejemplo, el informe de Irlanda sobre la aplicación del enfoque conductual en la administración fiscal explora la forma de mejorar el cumplimiento presentando la información de una mejor manera, más sencilla, destacando los hechos clave (Customs, 2017[13]). Lo ideal es que los auditores redacten sus informes pensando en el auditado (Recuadro 3.6).

---

### Recuadro 3.6. Redacción de informes de auditoría teniendo en cuenta al destinatario

El contenido de los informes de auditoría debe organizarse según su importancia para el cliente de la auditoría. Para ellos, ver y entender los resultados es más importante que saber cómo se llegó a ellos. Según los autores, no todos los informes de auditoría deben seguir el mismo modelo. Las decisiones sobre qué incluir, qué omitir y cómo organizar el informe deben tomarse teniendo en cuenta al público al que va dirigido. Escribir teniendo en cuenta a los destinatarios ayudará a los auditores a superar la mentalidad orientada a la tarea que da lugar a informes centrados en la auditoría (Cuadro 3.2).

#### Cuadro 3.2. Recomendaciones para redactar informes de auditoría teniendo en consideración al destinatario

| Actividad | Qué significa esto para quienes redactan los informes de auditoría |
|---|---|
| Analizar o construir un público hipotético | Conceptualizar a los destinatarios del informe. ¿Quiénes son? ¿Cuáles son sus funciones? ¿Cuáles son sus necesidades? ¿Cuáles son sus objetivos? ¿Qué les gusta y qué no les gusta? ¿Cómo me perciben? |
| Establecer objetivos y nombrar planes dirigidos a un público específico | Identifique el resultado que se pretende obtener con el informe. ¿Qué quiere que entiendan los destinatarios? ¿Qué quiere que hagan? ¿Qué es lo más importante? |
| Evaluar el contenido y el estilo (persona) con respecto a la respuesta prevista de los destinatarios | Considerar la forma en que el público responderá al contenido y al estilo del informe. ¿Es el estilo apropiado para los destinatarios? ¿Es el estilo adecuado para el tema de la auditoría? ¿Influye el estilo en el hecho de que la información se reciba de forma deseable o indeseable? |
| Revisar, editar y corregir para destinatarios específicos | Revisar y mejorar sistemáticamente el texto, teniendo en cuenta el público. ¿Habla el lenguaje de los destinatarios? ¿Logra sus objetivos de comunicación basándose en las percepciones de los destinatarios? |

Fuente: (Cassels, Alvero and Errington, 2009[14]), adaptado de Carol Berkenkotter's "Understanding a Writer's Awareness of Audience," College Composition and Communication, Vol. 32, No. 4 (December 1981), 388-399

Fuente: https://www.iia.nl/actualiteit/nieuws/shift-your-audit-focus-%E2%80%8Bits-not-about-you, (Cassels, Alvero and Errington, 2009[14])

---

*Posibles medidas*

La CGR podría seguir mejorando la redacción de los informes de auditoría para hacerlos más impactantes. Por ejemplo, esto podría lograrse mediante:

- **Reducir el lenguaje técnico y jurídico.** El lenguaje sencillo significa evitar la jerga o las palabras poco claras siempre que sea posible. También significa explicar cualquier término técnico o jurídico que se utilice para hacer más legibles los informes de auditoría, especialmente los que abordan temas complejos. Los anexos, que incluyen ilustraciones, tablas, gráficos o cuadros de texto, pueden ayudar a atraer la atención de las partes interesadas y reforzar los puntos clave (OCDE, 2014[15]). En este sentido, la CGR podría considerar la posibilidad de realizar un experimento para comprobar las respuestas de los auditados a cambios lingüísticos hipotéticos utilizando, por ejemplo, una metodología de viñetas experimentales (MVE) (Aguinis and Bradley, 2014[16]; Atzmüller and Steiner, 2010[17]).

- **Reducir el tamaño del informe de auditoría.** Los informes más cortos son más fáciles de leer y podrían aumentar su relevancia para las entidades auditadas, al tiempo que podrían reducir el tiempo y los gastos de preparación de los informes de auditoría. Los informes más cortos se centran en los resultados y no en la descripción de los detalles del proceso de auditoría. Por ejemplo, los detalles jurídicos y técnicos podrían facilitarse como anexo al informe principal. Además, si bien todos los informes de auditoría incluyen actualmente resúmenes ejecutivos, la CGR podría considerar la posibilidad de centrar los mensajes incluidos en estos resúmenes para destacar el valor estratégico y los objetivos del informe de auditoría con un lenguaje sencillo.

- **Reducir, en la medida de lo posible, la cantidad de observaciones en los informes.** Los informes podrían, por ejemplo, agrupar las observaciones por proyecto o proceso, o hacer hincapié en los problemas subyacentes de los que las observaciones no son más que los síntomas. Aunque el número de observaciones seguiría siendo el mismo, el agrupamiento lógico en paquetes podría facilitar la asimilación del informe y su valor estratégico. Además, los auditores podrían sacar conclusiones generales con respecto a las debilidades subyacentes en las entidades auditadas para explicar los resultados de la auditoría y, por tanto, las observaciones. Como afirmó un auditor de la CGR, "Debemos diagnosticar la enfermedad y no solo describir los síntomas".

- **Incluir recomendaciones de acciones correctivas.** Recientemente, la CGR comenzó a promover la inclusión de recomendaciones sobre acciones correctivas. Se trata de un paso para ofrecer una orientación más clara a los auditados, al tiempo que se presta atención a no coadministrar. Así, la CGR podría promover la redacción de observaciones más orientadas a la acción, por ejemplo, ofreciendo formación a los auditores. Además, los auditores deberían tratar de poner de relieve la justificación de las observaciones para que los funcionarios comprendan más fácilmente su importancia y por qué deben interesarse por ellas. Por último, las observaciones y propuestas de medidas correctoras deben redactarse con un lenguaje claro, sencillo y directo para convertirse en recomendaciones SMART (Recuadro 3.7).

---

### Recuadro 3.7. Redacción de recomendaciones de auditoría SMART

Las recomendaciones de la auditoría deben ser específicas, medibles, alcanzables, realistas y oportunas (SMART, por sus siglas en inglés):

- **S**: las recomendaciones específicas identifican correctamente quién es el responsable de adoptar medidas correctivas claras para eliminar una deficiencia y mejorar un programa o actividad pública.
- **M**: las recomendaciones medibles pueden ser monitoreadas por el sistema de seguimiento de la EFS. Las EFS pueden determinar si se tomaron medidas correctivas y se eliminaron las deficiencias. Una vez aplicadas, las recomendaciones deben evitar que se repitan los hallazgos y permitir que la EFS realice una auditoría independiente de las nuevas condiciones del programa público.
- **A**: las recomendaciones son alcanzables en un periodo de tiempo razonable con los recursos financieros disponibles.
- **R**: las recomendaciones realistas reconocen las prioridades y limitaciones operativas de los funcionarios encargados de aplicarlas.
- **T**: se presentan recomendaciones oportunas a los funcionarios responsables en el momento y la forma adecuados para facilitar su pronta implementación.

Fuente: OECD

---

### Probar diferentes mensajes para notificar sobre el informe de auditoría

Los resultados mostraron que puede haber predisposición negativa, frustración o falta de interés por parte de los diferentes actores del servicio auditado. Además de mejorar las interacciones entre los auditores y los auditados durante una auditoría y la redacción de los informes de auditoría, la CGR podría considerar la posibilidad de incluir los mensajes contenidos en las comunicaciones formales de la CGR.

De hecho, la evidencia de varias aplicaciones del enfoque conductual en todo el mundo indican que la forma en que se formulan los mensajes puede afectar significativamente las respuestas de los destinatarios (OCDE, 2017[18]). Por ejemplo, una intervención llevada a cabo por la Autoridad de Conducta Financiera (FCA) del Reino Unido para promover el cumplimiento podría inspirar una intervención similar de la CGR dirigida a los servicios auditados (véase el Recuadro 3.8 a continuación).

#### Posibles medidas

La CGR podría plantearse un experimento para comprobar qué mensaje genera el mayor impacto deseado. Por ejemplo, la CGR podría enviar diferentes versiones de las cartas que se adjuntan a los informes de auditoría a una muestra de servicios, estratificada según sus características y luego seleccionada aleatoriamente para los grupos de tratamiento y control, a fin de determinar los mensajes más adecuados para promover el cumplimiento de las observaciones.

Las posibles cartas podrían redactarse en torno a los siguientes mensajes:

- Destacar las posibles consecuencias negativas para el servicio.
- Destacar la presión social/de los pares ("El X% de los servicios ya cumplió con...").
- Destacar las asociaciones positivas como la confianza, el orgullo o el compromiso.
- Destacar la responsabilidad individual del jefe de servicio o del director de control interno.

Recuadro 3.8. Mejora de las comunicaciones por parte de las sociedades mutualistas a la Autoridad de Conducta Financiera

La Autoridad de Conducta Financiera del Reino Unido (FCA) probó mensajes específicos para comunicarse con las sociedades, que llamaran su atención y las animaran a presentar su declaración anual y sus cuentas a tiempo. Entre 2013 y 2014, la FCA envió cartas a una muestra de 7.984 sociedades que fueron estratificadas por tipo de organización, el mes de cierre de su ejercicio financiero y el último año en que tomaron medidas, y luego fueron asignadas aleatoriamente a diferentes metodologías o a un grupo de control. Los métodos consistieron en:

- **Viñetas**: se incluyen los puntos más destacados y un mensaje sobre las sanciones: "El año pasado las sociedades mutualistas como la suya fueron multadas con hasta 3.000 libras esterlinas por no proporcionar esta información a tiempo"
- **Advertencia**: añadir una advertencia en el sobre: "Es una obligación legal llenar y devolver el formulario adjunto"
- **Tiempo**: enviar las cartas en diferentes fechas (26 de mayo, 3 de junio u 8 de julio). Esto ayudó a la FCA a estimar los efectos del tiempo transcurrido entre la carta y el plazo en el cumplimiento.

De las sociedades que participaron en el ensayo, 6.456 tomaron medidas (80,9%), mientras que 1.528 (19,1%) no tomaron ninguna medida. Al examinar cada uno de los tratamientos, la FCA descubrió que los tratamientos de las viñetas y las advertencias no lograron cambiar el comportamiento de las sociedades en comparación con el control. Sin embargo, el momento en que se enviaron las cartas sí afectó a la respuesta de las empresas. Las sociedades que recibieron una carta en julio (y que, por tanto, tenían, en promedio, un plazo más corto -media de 23 días para julio en lugar de 66 para mayo y 58 para junio-) tenían 2,4 puntos porcentuales más de probabilidades de responder al comunicado. En todos los grupos, quienes tenían un plazo más corto eran más propensos a responder que los que tenían un plazo más largo.

Fuente: (OCDE, 2017[18])

## Lograr el impacto a través de medidas durante el proceso de seguimiento

### *Mitigar la frustración y promover respuestas de mayor calidad permitiendo una mejor planificación, introduciendo cierta flexibilidad con los plazos y dando seguimiento a los avances*

Los resultados mostraron que los plazos pueden causar estrés y frustración y, a veces, pueden ser poco realistas o no adaptarse a la realidad de la Administración pública. Actualmente, los plazos para adoptar medidas correctivas son limitados y estándar (15, 30 o 60 días hábiles). Sin embargo, en algunos casos los plazos no son suficientes para introducir cambios en los procesos institucionales. Esto, sumado al hecho de que, en numerosas ocasiones, el seguimiento se lleva a cabo mucho después de que haya vencido el plazo, lo que genera una sensación de injusticia, ya que los servicios consideran que deberían haber tenido más tiempo para dar una mejor respuesta. Además, las entrevistas con los encargados pusieron de manifiesto que ellos agradecerían tener la oportunidad de informar sobre los avances parciales realizados en la atención a las observaciones o en la mejora de los procesos que puedan contribuir a evitar futuras observaciones.

EUROSAI subraya que "definir los tiempos límite de acuerdo con el auditado contribuye a una buena relación y genera apoyo para la implementación de las recomendaciones" (EUROSAI, 2021[5]). En la encuesta realizada por EUROSAI, de las 19 EFS que fijan los plazos, 9 determinan los plazos de acuerdo con el auditado, 3 dejan que los auditores fijen sus plazos y 6 fijan los plazos de forma independiente. Esto se aplica sobre todo a las EFS que emiten recomendaciones legalmente vinculantes.

### Posibles medidas

En consonancia con las recomendaciones anteriores, la CGR podría promover un sentido de apoyo y no de control estricto del servicio auditado, transmitiendo la idea de que lo que realmente importa es la mejora de la gestión pública y de los procesos en las entidades auditadas, no el hecho de cumplir con los plazos.

Por ello, para reducir el estrés del incumplimiento y motivar a los gestores públicos, la CGR podría considerar las siguientes medidas:

- Al abordar el informe previo o al analizar el proceso de seguimiento, la CGR podría permitir cierta flexibilidad en cuanto a los plazos para atender las observaciones caso por caso, involucrando a los auditores internos o a los directores de control interno y a los funcionarios responsables de los procesos con observaciones. La decisión de adaptar los plazos tendría que responder a criterios preestablecidos claros y homogéneos para garantizar la equidad, podría mostrar flexibilidad y mejorar la disposición de los encargados a tomar medidas, ya que estarían comprometidos personalmente con el plazo. El capítulo 4 ofrece más detalles sobre esta medida con miras a la realización de un posible programa piloto.

- Durante las entrevistas, las entidades auditadas propusieron crear un mecanismo a través del cual los servicios pudieran informar de los avances parciales o de las acciones previstas para abordar las observaciones. Este mecanismo también podría ofrecer la oportunidad de informar sobre las dificultades inherentes a la naturaleza del proceso relacionado con la observación. Por ejemplo, la CGR podría considerar la inclusión de acciones correctivas intermedias con plazos específicos. De este modo, las entidades auditadas podrían informar de los avances logrados en la resolución de una observación.

- A veces, los encargados no cumplen los plazos debido a la carga de trabajo o porque simplemente se olvidaron de ello. Como se describe en el capítulo 2, el sistema de seguimiento en línea de la CGR genera recordatorios automáticamente antes de que se cumplan los plazos. No obstante, la CGR podría probar diferentes recordatorios creados por el sistema de seguimiento en línea con el fin de encontrar los estímulos más eficaces para emprender acciones.

- Según los entrevistados, el estrés relacionado con los plazos se debe a veces al hecho de que los auditados no saben cuándo esperar exactamente el informe de auditoría. Esto les dificulta la planificación. Por lo tanto, la CGR podría considerar la posibilidad de notificar a los servicios con suficiente antelación sobre el envío del informe preliminar de auditoría. La OCDE ya recomendó que la CGR podría brindar información sobre el momento en que la entidad auditada podría esperar recibir el informe preliminar de auditoría para admitir comentarios al inicio del proceso de auditoría (OCDE, 2014[15]). La CGR podría revisar su proceso interno de redacción y revisión para identificar un paso en este proceso interno que permita enviar, con bastante antelación, un mensaje que indique al menos un plazo probable de cuándo se enviará el informe previo al servicio.

*Crear una presión pública o de pares a través de un informe de los resultados del seguimiento*

Podría decirse que la actuación de los servicios auditados al abordar las observaciones indica su voluntad de mejorar y de cumplir con las normas y los procedimientos. Como se ha mencionado anteriormente y se ha demostrado en la figura 1.4 en el capítulo 1, el 65,2% de las EFS de los países de la OCDE con datos disponibles informan públicamente sobre las medidas adoptadas por el ejecutivo para atender las recomendaciones de auditoría. En América Latina, solo el 25% de los países lo hace. Chile no se encuentra entre estos países. De hecho, la investigación ha demostrado que proporcionar información pública sobre los informes de auditoría puede reducir significativamente la probabilidad de reelección de un alcalde en el que se denunciaron al menos dos infracciones relacionadas con corrupción (Ferraz and Finan, 2008[19]; Avis, Ferraz and Finan, 2018[20]). Un informe reciente de EUROSAI, basado en una encuesta, también subraya que la divulgación de los resultados del seguimiento a un público más amplio puede aumentar la presión sobre las entidades auditadas en caso de que la implementación sea insuficiente o brindar incentivos positivos a las entidades auditadas con buen desempeño (EUROSAI, 2021[5]). De las 33 encuestadas, 20 EFS de Europa publican un informe global sobre el seguimiento de los informes de auditoría (Figura 3.4). Por último, la INTOSAI recomienda que los resultados de los ejercicios de seguimiento de las EFS se difundan públicamente, a menos que la regulación disponga lo contrario (INTOSAI, 2010[4]).

### Figura 3.4. En Europa, la mayoría de las EFS emiten informes sobre el seguimiento de los informes de auditoría

¿Su EFS elabora un informe de carácter general sobre el seguimiento de las recomendaciones/informes y lo comunica a las partes interesadas externas?

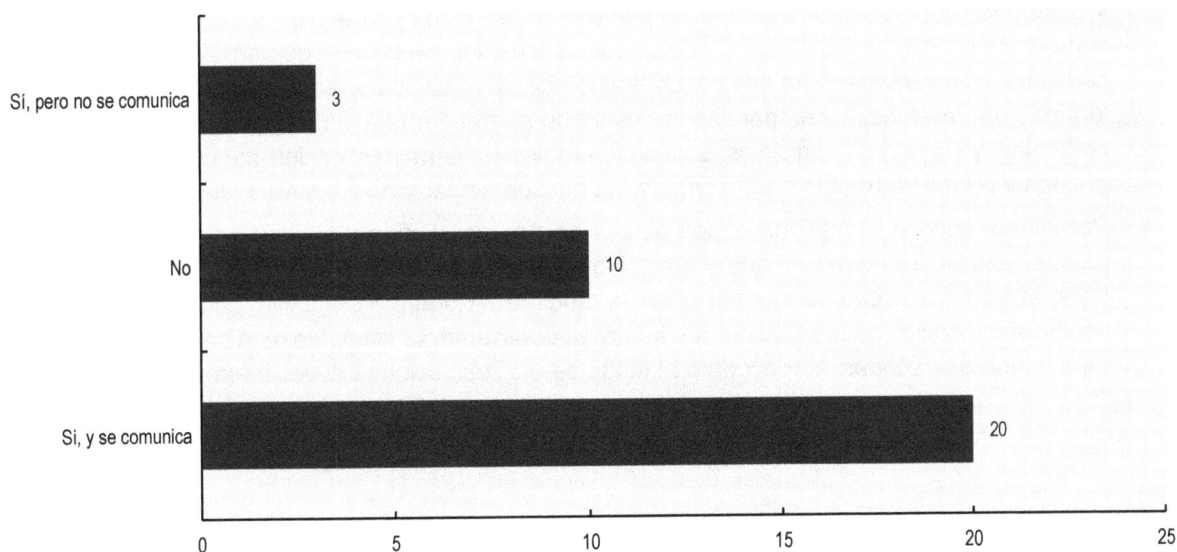

Nota: 33 encuestados
Fuente: (EUROSAI, 2021[5])

*Posibles medidas*

En Chile, las entrevistas pusieron de manifiesto que los jefes de servicio suelen tener un interés y un incentivo muy limitados para dar seguimiento interno a los informes de auditoría y garantizar la implementación de medidas correctivas. Por lo tanto, para proporcionar incentivos más fuertes, la CGR podría considerar la posibilidad de hacer que el incumplimiento de los informes de auditoría fuera más notorio para los jefes de servicio o hacer que esta información fuera visible para el público con el fin de facilitar la rendición de cuentas.

- La CGR podría probar el impacto de añadir información a las cartas que se envían con los informes de auditoría sobre la forma en que el servicio ha adoptado medidas correctivas en los últimos años. Esta información podría ser no pública, dirigida únicamente a la máxima autoridad del servicio. Algunas oficinas de inspección general (OIG) de EE.UU. presentan informes de gestión firmados por el jefe de la OIG y enviados al director de la agencia, que dan seguimiento a los asuntos abiertos y hacen que la jefatura rinda cuentas.

- La CGR podría hacer que los incumplimientos sean más visibles para los ciudadanos. Para ello, la CGR podría aprovechar sus buenas prácticas de transparencia y de comunicación con los ciudadanos (OCDE, 2014[15]; OCDE, 2016[21]). A nivel municipal, por ejemplo, los informes de la CGR pueden desencadenar procesos de responsabilidad social preguntando por las razones del incumplimiento. A su vez, incluir el reconocimiento de los servicios con mejor comportamiento o proporcionar información al público sobre los servicios que tienen un mejor desempeño en la atención de las observaciones podría tener un valor político para los jefes de los servicios y establecer incentivos para introducir mejoras en sus procesos institucionales.

- La CGR podría explorar las posibilidades de promover algún tipo de análisis comparativo para fomentar la competencia entre servicios. Sin embargo, hay que asegurarse de que los servicios se comparen con otros realmente similares, por ejemplo, en términos de tamaño, nivel de riesgos y presupuesto, para evitar cualquier impacto negativo en la percepción de la equidad de dicha comparación. Esto es especialmente importante teniendo en cuenta los análisis cuantitativos del capítulo 2 que muestran una alta concentración de observaciones en unas pocas entidades. Por lo tanto, una evaluación comparativa de este tipo podría ser relevante para el nivel municipal en particular, ya que los municipios son comparables en términos de los servicios públicos que prestan y podrían agruparse, por ejemplo, en función del tamaño y el presupuesto.

- Por último, aunque la mayoría de los países de América Latina y el Caribe y la mayoría de los países de la OCDE no exigen que el ejecutivo informe públicamente sobre las medidas adoptadas para abordar las recomendaciones de la auditoría (Figura 3.5), Chile podría considerar la posibilidad de exigir a los servicios que informen públicamente sobre las medidas que han tomado para ocuparse de todas, la mayoría o algunas de las conclusiones de los informes de auditoría.

**Figura 3.5. En América Latina, solo en algunos países el ejecutivo informa públicamente sobre las medidas adoptadas para abordar las conclusiones de los informes de auditoría de las EFS**

¿Pone el ejecutivo a disposición del público un informe sobre las medidas que ha adoptado para abordar las recomendaciones o conclusiones de las auditorías que indican la necesidad de adoptar medidas correctivas?

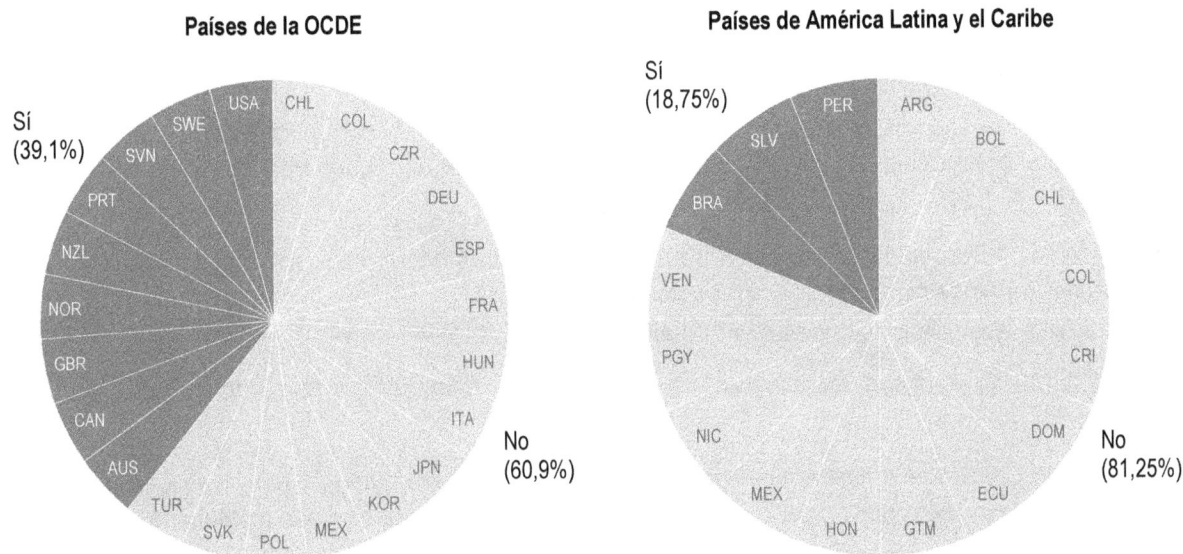

Países de la OCDE

Países de América Latina y el Caribe

Nota: la respuesta "sí" significa que el ejecutivo informa públicamente sobre (todos, la mayoría o algunos) de los hallazgos de la auditoría, mientras que la respuesta "no" significa que el ejecutivo no informa sobre las medidas que ha tomado para abordar los hallazgos de la auditoría.
Fuente: Asociación Internacional del Presupuesto, Encuesta de Presupuesto Abierto 2019.

## Referencias

Aguinis, H. and K. Bradley (2014), "Best Practice Recommendations for Designing and Implementing Experimental Vignette Methodology Studies", *Organizational Research Methods*, Vol. 17/4, pp. 351-371, https://doi.org/10.1177/1094428114547952. [16]

Atzmüller, C. and P. Steiner (2010), "Experimental vignette studies n survey research", *Methodology*, Vol. 6/3, pp. 128-138, https://doi.org/10.1027/1614-2241/a000014. [17]

Avis, E., C. Ferraz and F. Finan (2018), "Do government audits reduce corruption? Estimating the impacts of exposing corrupt politicians", *Journal of Political Economy*, Vol. 126/5, pp. 1912-1964, https://doi.org/10.1086/699209. [20]

Cassels, W., K. Alvero and C. Errington (2009), *Internal auditors need to shift the focus of audit reporting from their own priorities to those of the client.*, https://www.iia.nl/SiteFiles/IA/ia201904-dl_Itsnotaboutyou.pdf (accessed on 10 May 2021). [14]

Customs, I. (2017), *Applying Behavioural Science in Tax Administration - A Summary of Lessons Learned*. [13]

EUROSAI (2021), *Follow-up of the implementation of audit recommendations: Best practices guide, issued by the project group*, European Organisation of Supreme Audit Institutions (EUROSAI). [5]

Ferraz, C. and F. Finan (2008), "Exposing corrupt politicians: The effects of Brazil's publicly released audits on electoral outcomes", *The Quarterly Journal of Economics* May, pp. 703-745, http://papers.ssrn.com/sol3/papers.cfm?abstract_id=997867 (accessed on 30 December 2014). [19]

GAO (2018), *Government Auditing Standards 2018 Revision*, United States Government Accountability Office, http://www.gao.gov/yellowbook. (accessed on 10 May 2021). [12]

Hallsworth, M. et al. (2016), "Provision of social norm feedback to high prescribers of antibiotics in general practice: a pragmatic national randomised controlled trial", *www.thelancet.com*, Vol. 387, p. 1743, https://doi.org/10.1016/S0140-6736(16)00215-4. [8]

INTOSAI (2010), *How to increase the use and impact of audit reports: A guide for Supreme Audit Institutions*, INTOSAI Capacity Building Committee, https://iniciativatpa.org/wp-content/uploads/2014/05/Increase-impact-of-audit-reports.pdf (accessed on 28 September 2020). [4]

INTOSAI (2010), *How to increase the use and impact of audit reports: A guide for Supreme Audit Institutions*. [11]

Kassin, S., I. Dror and J. Kukucka (2013), "The forensic confirmation bias: Problems, perspectives, and proposed solutions", *Journal of Applied Research in Memory and Cognition*, Vol. 2/1, pp. 42-52, https://doi.org/10.1016/j.jarmac.2013.01.001. [3]

Kida, T. (1984), *The Impact of Hypothesis-Testing Strategies on Auditors' Use of Judgment Data*. [1]

Kinney, W. and W. Uecker (1982), *Mitigating the Consequences of Anchoring in Auditor Judgments*, https://www.jstor.org/stable/246739. [2]

OCDE (2020), *Behavioural Insights and Organisations: Fostering Safety Culture*, OECD Publishing, Paris, https://doi.org/10.1787/e6ef217d-en. [7]

OCDE (2020), *Manual de la OCDE sobre Integridad Pública*, OECD Publishing, Paris, https://doi.org/10.1787/8a2fac21-es. [9]

OCDE (2017), *Behavioural Insights and Public Policy: Lessons from Around the World*, OECD Publishing, Paris, https://doi.org/10.1787/9789264270480-en. [18]

OCDE (2016), *Avances en la Entidad Fiscalizadora Superior de Chile: Reformas, Alcance e Impacto*, Estudios de la OCDE sobre Gobernanza Pública, OECD Publishing, Paris, https://doi.org/10.1787/9789264250642-es. [21]

OCDE (2016), *Entidades Fiscalizadoras Superiores y el buen gobierno: Supervisión, información y visión*, Estudios de la OCDE sobre Gobernanza Pública, OECD Publishing, Paris, https://doi.org/10.1787/9789264280625-es. [10]

OCDE (2014), *Chile's Supreme Audit Institution: Enhancing Strategic Agility and Public Trust*, OECD Public Governance Reviews, OECD Publishing, Paris, https://doi.org/10.1787/9789264207561-en. [15]

Pennington, R., J. Schafer and R. Pinsker (2017), "Do Auditor Advocacy Attitudes Impede Audit Objectivity?", *Journal of Accounting, Auditing & Finance*, Vol. 32/1, pp. 136-151, https://doi.org/10.1177/0148558X16641862. [6]

# 4 Piloto de una reunión pre-seguimiento y de una flexibilización de los plazos en Chile

Este capítulo presenta una teoría del cambio detallada para dos intervenciones tomadas de las estrategias propuestas en el capítulo 3 y que podrían ser probadas por la CGR. En primer lugar, una reunión entre la CGR y los servicios auditados antes de iniciar el proceso de seguimiento podría ayudar a explicar los resultados de la auditoría, reducir la carga cognitiva y ofrecer vías para tomar medidas correctivas. En segundo lugar, la CGR podría introducir cierta flexibilidad con los plazos para indicar de forma creíble un enfoque de apoyo por parte de la CGR. Además, el capítulo ofrece pautas sobre cómo aplicar el programa piloto y medir los resultados.

## Intervenciones piloto seleccionadas

Lograr un impacto positivo sostenible en la asimiliación de los informes de auditoría es complejo, probablemente requiera varias reformas en diferentes niveles del proceso de auditoría y seguimiento y puede requerir que se trabaje hacia un cambio cultural, tanto en la Contraloría General de la República (CGR) como en la Administración. Por ello, en el capítulo 3, la OCDE recomienda varias medidas que pueden combinarse para lograr el cambio y el impacto.

Juntos, la CGR y la OCDE identificaron dos medidas que podrían ponerse a prueba para comprobar su impacto y aprender durante el proceso de implementación piloto antes de ampliar potencialmente las medidas. Ambas intervenciones tienen lugar después de la publicación del informe de auditoría, pero antes de iniciar el proceso de seguimiento. Son complementarias y tienen como objetivo reducir la carga cognitiva de los auditados y la percepción de estrés e injusticia relacionada con los plazos:

- **Medida A:** para apoyar a las entidades auditadas, la CGR podría considerar una reunión con el servicio auditado antes de iniciar el proceso de seguimiento. El objetivo de la reunión sería explicar las observaciones y recomendar algunas líneas de acción que los directivos podrían tomar para resolverlas, teniendo la precaución de no coadministrar.

- **Medida B:** al analizar el proceso de seguimiento una vez finalizado el informe de auditoría, la CGR podría introducir cierta flexibilidad con los plazos para atender las observaciones caso por caso, siguiendo criterios claros y preestablecidos, involucrando al auditor interno o directores de control interno y a los funcionarios responsables de atender las observaciones.

Ambas medidas tienen como objetivo facilitar el seguimiento de las observaciones de auditoría por parte de las entidades auditadas y construir una mejor relación entre los auditores y las entidades auditadas. La justificación de la elección de las dos medidas refleja el alcance del proyecto, que se centró en el proceso de seguimiento. También aborda dos causas principales subyacentes que, según la investigación cualitativa realizada y descrita en el capítulo 2, contribuyen a explicar el nivel de asimiliación de los informes de auditoría en Chile. Por un lado, el sesgo de atención y la carga cognitiva que suponen el exceso de observaciones y la complejidad de los informes de auditoría y, por otro, el estrés y la percepción de los auditados de que la CGR no entiende ni se preocupa por la realidad de la Administración pública al imponer plazos uniformes. Como tal, la medida A se refiere al contenido; la medida B, al proceso. No obstante, otro criterio para la selección fue la *continuidad*, ya que una idea similar a la mencionada en la medida A se intentó anteriormente en la CGR, y la *viabilidad*, ya que ambas medidas pueden aplicarse y probarse sin requerir cambios legales.

## Teoría del cambio

Una teoría del cambio identifica los supuestos subyacentes sobre la forma en que se produce el cambio, hace que estos supuestos sean más explícitos y los pone a prueba (Johnsøn, 2012[1]; OCDE, 2017[2]). A continuación, la Figura 4.1 brinda un panorama esquemático sobre la teoría del cambio que subyace en estas dos medidas. Los mecanismos, dos por cada medida, son los canales a través de los cuales se asume que las medidas contribuirán a los resultados.

## Figura 4.1. Teoría del cambio de la reunión de seguimiento previa y la negociación de plazos

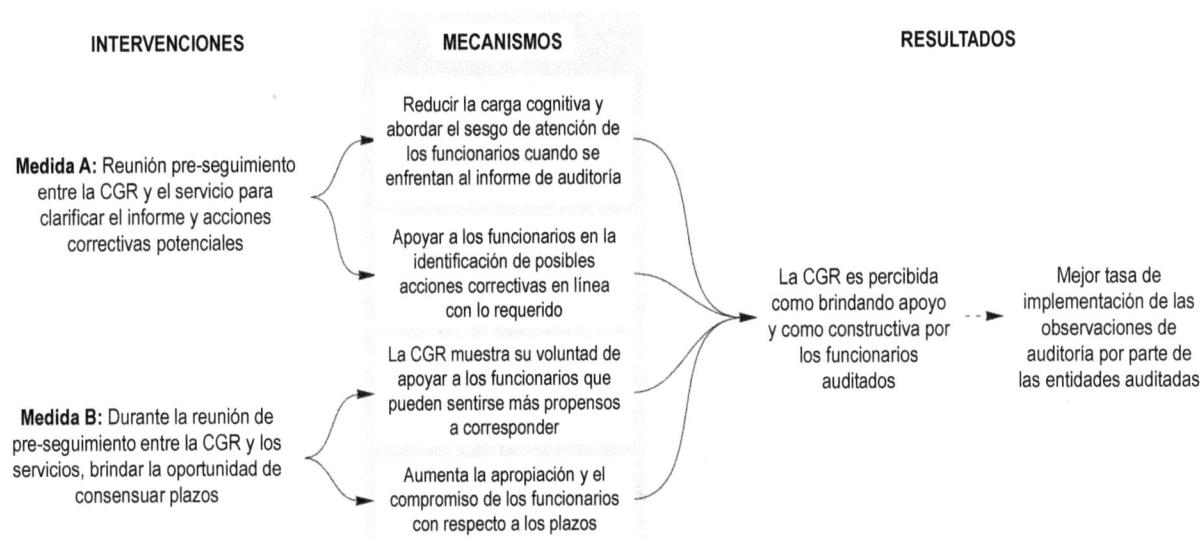

**INTERVENCIONES**

**MECANISMOS**

**RESULTADOS**

**Medida A:** Reunión pre-seguimiento entre la CGR y el servicio para clarificar el informe y acciones correctivas potenciales

Reducir la carga cognitiva y abordar el sesgo de atención de los funcionarios cuando se enfrentan al informe de auditoría

Apoyar a los funcionarios en la identificación de posibles acciones correctivas en línea con lo requerido

La CGR muestra su voluntad de apoyar a los funcionarios que pueden sentirse más propensos a corresponder

**Medida B:** Durante la reunión de pre-seguimiento entre la CGR y los servicios, brindar la oportunidad de consensuar plazos

Aumenta la apropiación y el compromiso de los funcionarios con respecto a los plazos

La CGR es percibida como brindando apoyo y como constructiva por los funcionarios auditados

Mejor tasa de implementación de las observaciones de auditoría por parte de las entidades auditadas

La medida A, la reunión de seguimiento previa entre la CGR y el servicio auditado, responde a un hallazgo del capítulo 2 en la medida en que los funcionarios expresaron el deseo de obtener una mejor orientación sobre el modo de abordar concretamente las observaciones o de tener la oportunidad de aclarar dichas observaciones.

La teoría del cambio que subyace a la hipótesis de que esta reunión puede mejorar la asimiliación del informe de auditoría se basa en los siguientes mecanismos (Figura 4.1):

- En primer lugar, la reunión contribuye a reducir la carga cognitiva de los funcionarios del servicio auditado cuando se enfrentan al informe final de auditoría. La reunión trata de aclarar y simplificar las conclusiones y observaciones en un lenguaje sencillo y desde la perspectiva del nivel directivo. Esto, a su vez, debería repercutir en la relación entre los auditores y los auditados y conducir a una actitud más proactiva y, por tanto, a la asimiliación de los informes de auditoría.

- En segundo lugar, a través de la orientación proporcionada por la CGR durante la reunión con respecto a las posibles vías para adoptar medidas correctoras, es probable que aumente la probabilidad de que los funcionarios actúen realmente si el motivo de la inacción estaba relacionado con la falta de conocimiento sobre qué hacer. Además, con posterioridad a la reunión, la probabilidad de que las acciones correctivas no se ajusten a las expectativas por parte de la CGR y, por lo tanto, permanezcan como incompletas en el sistema, debería ser menor y, por lo tanto, conducir a mayores índices de cumplimiento. Para evitar la percepción de coadministración y asegurar la apropiación, estas vías de acciones correctivas concretas deben ser elaboradas por los encargados, con el apoyo de la CGR.

La medida B es sencilla. El capítulo 2 puso de manifiesto que los funcionarios experimentan estrés y frustración por los plazos no flexibles y uniformes impuestos por la CGR. Al parecer, en ocasiones se ha generado una sensación de trato injusto o de incomprensión ("la CGR no entiende la realidad de la Administración pública"). Por lo tanto, la posibilidad de tener más flexibilidad con los plazos para tomar medidas correctivas durante la reunión propuesta en la medida A, debería permitir que se aborde esta cuestión.

La teoría que sustenta la hipótesis de que la negociación de los plazos mejorará la asimilación del informe de auditoría se basa en los siguientes mecanismos (Figura 4.1):

- En primer lugar, al permitir plazos más flexibles en cada caso, pero siguiendo criterios claros y preestablecidos, la CGR demuestra de forma visible y creíble su flexibilidad y su voluntad de apoyar a los funcionarios. Como los seres humanos tienden a la reciprocidad, esta flexibilidad por parte de la CGR podría aumentar la motivación de los funcionarios para cumplir con los informes de auditoría.

- En segundo lugar, el hecho de que los funcionarios participen activamente en la fijación de los plazos podría aumentar su sentido de apropiación. Los funcionarios pueden sentirse personalmente comprometidos con el plazo. Además, podría considerarse la posibilidad de reforzar esta apropiación y compromiso mediante la firma de un acuerdo informal de cumplimiento del plazo.

En general, tanto la reunión como la posibilidad de negociar los plazos podrían contribuir a mejorar la relación entre la CGR y los servicios auditados. Como tal, el diseño de la reunión debe buscar que se propicie un ambiente constructivo, donde las dudas y preocupaciones de los funcionarios sean tomadas en serio y donde la CGR brinde un apoyo concreto para facilitar su trabajo. La reunión debe comunicarse y llevarse a cabo como apoyo a los funcionarios, no como un requisito burocrático más.

Potencialmente, la reunión puede tener efectos indirectos en la forma en que los auditores redactarán los futuros informes, teniendo en cuenta la retroalimentación que reciben y las interacciones que tuvieron durante la reunión. Para ello, la CGR debe garantizar un bucle de retroalimentación de esta reunión a los auditores. La encuesta realizada a los auditores (véase más adelante) debería tener en cuenta este posible cambio de comportamiento en el futuro.

## Diseño y medición de la implementación

En sentido estricto, el impacto solo puede medirse con rigor si la intervención tiene en cuenta el contrafactual, es decir, lo que habría ocurrido sin la intervención (OCDE, 2017[2]). Para ello, el universo debe ser lo suficientemente grande como para permitir un tamaño de muestra con suficiente potencia estadística y espacio para comparar entre los grupos de intervención y de control. Sin embargo, dado que es probable que el número de auditorías en curso realizadas por la CGR sea insuficiente para alcanzar un tamaño de muestra suficiente para aplicar dicha metodología de ensayo de control aleatorio, la CGR podría optar por un enfoque de diferencias simples, como se explica en las siguientes secciones.

### *El programa piloto podría aplicarse a nivel municipal*

Por lo tanto, la implementación del programa piloto podría centrarse en las auditorías en curso que sean similares en términos de tipo y nivel de implementación para evitar que los resultados se vean afectados por los efectos relacionados con estas dos características. Así, la CGR podría seleccionar únicamente las auditorías regulares implementadas a nivel municipal como el universo relevante para pilotar y evaluar ambas medidas (A y B).

A partir de este universo, la CGR podría seleccionar las auditorías regulares en curso en todos los municipios y asignarlas en tres grupos diferentes, según el tamaño y los recursos disponibles del municipio respectivo para mejorar la comparabilidad entre los grupos. La composición final del programa piloto, que se muestra también en la Figura 4.2 podría, por tanto, responder a la lógica siguiente:

- **Grupo 1:** un primer grupo de auditorías municipales se utiliza como grupo de control. En estos procesos de auditoría, las medidas no se aplicarán.
- **Grupo 2:** en otro grupo de auditorías municipales, la reunión (medida A) se llevará a cabo sin la posibilidad de permitir plazos flexibles (medida B).
- **Grupo 3:** por último, en un tercer grupo de auditorías municipales, se aplicarán tanto la reunión (medida A) como los plazos flexibles (medida B).

**Figura 4.2. Diseño de implementación de las intervenciones piloto**

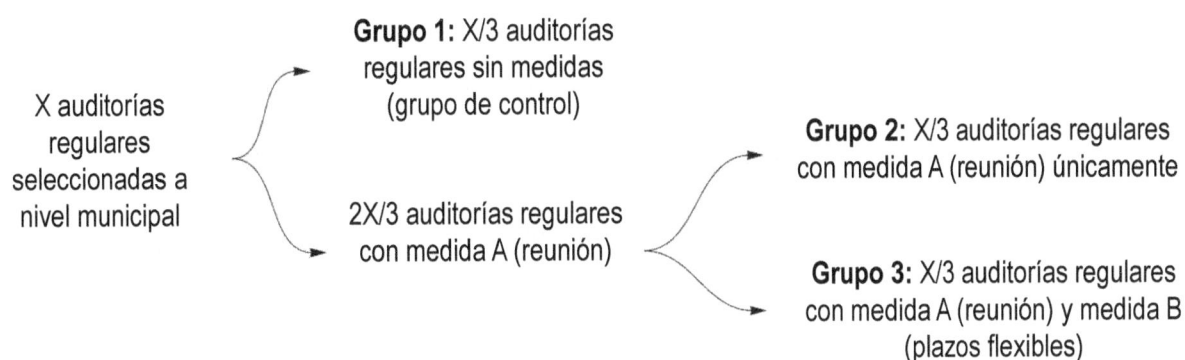

Nota: los grupos se equilibran en términos del tamaño y los presupuestos de los municipios.

## El cambio podría medirse a través de encuestas y de la taza de implementación

Para evaluar los efectos de las reuniones y los plazos flexibles, los resultados relevantes de estos tres grupos se compararían mediante un enfoque de diferencias simples. Esto significa que el impacto de la reunión (medida A) se mide como la diferencia entre el grupo 2 y el 1, y el impacto relativo de los plazos flexibles (medida B) como la diferencia entre el grupo 3 y el 1.

Para medir los efectos de estas dos intervenciones, se podrían diseñar tres encuestas que se enviarían respectivamente a los auditores, a los funcionarios (auditados) y a los directores de control interno. Estas encuestas deben preguntar por la percepción y las actitudes de los tres grupos para comprobar los mecanismos subyacentes representados en la Figura 4.1 que podrían impulsar el cambio conductual y repercutir positivamente en la implementación de las observaciones de auditoría. Con el tiempo suficiente, el impacto de las medidas aplicadas podría medirse directamente a nivel de la taza de implementación.

De hecho, la CGR podría considerar la introducción de encuestas periódicas entre las partes interesadas. Estas podrían basarse en este ejercicio piloto y en las preguntas que se utilizaron. Varias EFS utilizan este tipo de encuestas. El Recuadro 4.1 ofrece algunos ejemplos de encuestas a clientes realizadas por las EFS para mejorar su comprensión de las percepciones de las entidades auditadas. Sin embargo, es importante tener el debido cuidado de no crear una relación demasiado fuerte con los clientes o generar potenciales respuestas de "venganza" por parte de los servicios auditados.

## Recuadro 4.1. Entidades Fiscalizadoras Superiores que encuestan a usuarios clave para evaluar la calidad del trabajo de auditoría

### Australia

Una vez finalizado cada informe de auditoría de gestión, la Oficina Nacional de Auditoría de Australia (ANAO) solicita información sobre el proceso de auditoría mediante una encuesta y una entrevista con el responsable de la entidad auditada. La encuesta es una herramienta importante para mejorar la calidad y la efectividad de los servicios de auditoría de desempeño. Los resultados de la encuesta proporcionan una perspectiva de la eficacia de la práctica actual y sirven de base para el desarrollo de nuevas prácticas y enfoques de auditoría. La encuesta ha sido diseñada por una empresa de consultores contratada por la ANAO, pero independiente de los equipos de auditoría de gestión. El índice de respuesta de los auditados encuestados para el periodo de información 2011-2012 fue del 75% y del 87% en 2010-2011.

Las cuestiones clave sobre las que se solicita información son el proceso de auditoría, los informes de auditoría y el valor de los servicios de auditoría de desempeño de la ANAO en general. Por ejemplo, en la encuesta de 2011-2012, la proporción de encuestados que reconoció el valor agregado por los servicios de la ANAO fue del 91% (frente al 86% en 2010-2011). El porcentaje de encuestados que consideró que los auditores habían demostrado los conocimientos profesionales y las habilidades de auditoría necesarias para llevar a cabo la auditoría fue del 85% (por debajo del 91% en 2010-2011).

### Dinamarca

Rigsrevisionen, la EFS de Dinamarca, ha utilizado diversas técnicas para evaluar sus beneficios para las entidades auditadas y para el sistema de gobernanza, incluidas las encuestas a clientes. Por ejemplo, en 2009, Rigsrevisionen contrató a una consultoría para que realizara un estudio independiente de los clientes por encargo suyo. Entre los clientes se encontraban secretarios permanentes, directores generales, directores generales de empresas públicas, directores financieros, otros funcionarios del gobierno central y miembros de la Comisión de Cuentas Públicas del Parlamento.

Los funcionarios de Rigsrevisionen estaban muy interesados en conocer la opinión de sus clientes sobre la calidad de los servicios ofrecidos, su relación de trabajo y la utilidad de los resultados de sus auditorías. La encuesta identificó áreas de mejora en cuatro ámbitos: auditoría financiera (auditoría anual); auditoría del desempeño (exámenes de importancia); coordinación, planificación y asesoramiento; e interacción con el Comité de Cuentas Públicas. Los resultados incluyeron recomendaciones para ser más receptivos durante la etapa de auditoría en la que se preparan los memorandos y los proyectos de informe, así como para mejorar las competencias del personal de las EFS hasta un nivel más uniforme.

### Nueva Zelanda

La Oficina del Auditor General (OAG) de Nueva Zelanda utiliza una empresa independiente para realizar una encuesta anual de satisfacción de los clientes de las entidades públicas auditadas por el auditor general. La empresa encuesta una muestra aleatoria de entidades públicas para medir el nivel de satisfacción e identificar las áreas en las que la OAG necesita mejorar sus servicios de auditoría. Antes de 2007-2008, la muestra de la encuesta se limitaba a las entidades públicas auditadas por la OAG. En 2007-2008, la OAG amplió la muestra para incluir a las entidades públicas auditadas por empresas de auditoría del sector privado. Se invita a los representantes de una muestra de estas entidades a participar en una entrevista telefónica para que aporten sus comentarios y califiquen los siguientes factores en una escala de 1 a 10, siendo 1 muy bajo y 10 muy alto:

- capacidad principal de los proveedores de servicios de auditoría
- conocimiento del personal de los proveedores de servicios de auditoría
- el modo en que el personal de los proveedores de servicios de auditoría trabaja con las entidades, incluidos los órganos de gobierno y los comités de auditoría, cuando proceda
- el valor que aportan los proveedores de servicios de auditoría y la utilidad del asesoramiento brindado
- el desempeño y la contribución que los proveedores de servicios de auditoría hicieron como entidades preparadas para adoptar los equivalentes neozelandeses a las Normas internacionales de información financiera (NZ IFRS)
- el grado de satisfacción general con el servicio recibido por parte del proveedor de la auditoría.

Los resultados de las encuestas a los clientes ocupan un lugar destacado en los informes anuales de la OAG, incluso en el prólogo del auditor general. De este modo, se transmite al personal de la OAG la importancia de las encuestas, al tiempo que se crea conciencia en los directivos sobre la importancia de satisfacer las necesidades cambiantes de las partes interesadas y de los clientes.

Fuente: OECD (2014[3]), Chile's Supreme Audit Institution: Enhancing Strategic Agility and Public Trust, OECD Public Governance Reviews, OECD Publishing, Paris, http://dx.doi.org/10.1787/9789264207561-en; New Zealand Controller and Auditor-General (2009), "Annual Report 2008-2009", Office of the Auditor-General, New Zealand, www.oag.govt.nz/2009/2008-09/docs/annual-report.pdf.

## Referencias

Johnsøn, J. (2012), *Theories of change in anti-corruption work: A tool for programme design and evaluation*, Chr. Michelsen Institute (U4 Issue 2012:6), Bergen, http://www.cmi.no/publications/publication/?4635=theories-of-change-in-anti-corruption-work. [1]

OCDE (2017), *Monitoring and Evaluating Integrity Policies*, Working Party of Senior Public Integrity Officials GOV/PGC/INT(2017)4, Paris. [2]

OCDE (2014), *Chile's Supreme Audit Institution: Enhancing Strategic Agility and Public Trust*, OECD Public Governance Reviews, OECD Publishing, Paris, https://doi.org/10.1787/9789264207561-en. [3]